¡Cómo convertir $100 en $1,000,000 en 1 Año!

UNA GUÍA PARA LA CREACIÓN DE RIQUEZA EXPONENCIAL

BRIAN MICHAEL LAWSON

Contenido

Capítulo 1: Introducción a la Creación Rápida de Riqueza 9
    1.1 Comprender la Mentalidad de la Creación de Riqueza 9
    1.2 Establecer Expectativas y Metas Realistas 12
    1.3 Establecer Expectativas y Metas Realistas 14
    1.4 Importancia de la Persistencia y Adaptabilidad 15
    1.5 Estrategias para Maximizar Recursos Limitados 18
        1.5.1 Networking y Alianzas Estratégicas: El Poder de la Sinergia 19
        1.5.2 Marketing Coste-Efectivo: Amplifica tu Impacto con un Presupuesto Limitado 19
        1.5.3 Pensar Creativamente: Desata al Visionario Ingenioso que Hay en Ti 20
        1.5.4 Aprovechando al Máximo los Recursos Limitados: Consejos Prácticos para Acelerar tu Riqueza 21
    1.6 Construyendo una Base Sólida para el Éxito Financiero 22

Capítulo 2: Aprovechando el Poder de los Negocios en Línea 26

2.1 Identificar Oportunidades Lucrativas de Negocios en Línea 26

2.2 Creando una Tienda de E-commerce Rentable 29

    2.2.1 Posicionamiento Efectivo de Productos 30

    2.2.2 Adquisición de Clientes 30

    2.2.3 Optimización de Conversiones 31

    2.2.4 Abrazar las Tecnologías Emergentes 31

    2.2.5 Construyendo una Marca Fuerte 35

2.3 Generando Ingresos Pasivos a través del Marketing de Afiliación 37

2.4 Monetizando un Blog o Sitio Web de Nicho 38

2.5 Lanzando y Escalando un Curso en Línea Exitoso 39

Capítulo 3: Explorando Emprendimientos de Inversión con Alto Potencial . 40

3.1 Comprendiendo los Fundamentos de la Inversión 41

    3.1.1 Comprendiendo el Riesgo y el Rendimiento, la Asignación de Activos, la Diversificación y el Poder del Interés Compuesto 41

3.2 Invertir en Acciones y Empresas que Pagan Dividendos 44

3.3 Estrategias de Inversión Inmobiliaria para Obtener Retornos Rápidos 44

    3.3.1 Comprendiendo la Compra y Venta de Propiedades, Inversiones en Alquiler y Financiamiento Colectivo Inmobiliario 45

    3.3.2 Investigación de Mercado y Evaluación: Descubriendo el Camino hacia el Éxito en Bienes Raíces 47

3.4 Adentrándose en las Criptomonedas y la Tecnología Blockchain 52

3.5 Evaluación de Startups de Alto Crecimiento y Oportunidades de Inversión Ángel 54

Capítulo 4: Aprovechando la Economía Colaborativa 58

4.1 Aprovechando la Revolución de los Viajes Compartidos 59

4.2 Alquilar Activos para Ingresos Pasivos 60

4.3 Participar en la Economía de los Trabajos por Encargo 61

4.4 Construir un Negocio Exitoso de Alquiler en Airbnb 62

4.5 Explorar Oportunidades en el Mercado de Préstamos Entre Particulares 63

Capítulo 5: Desatando la Creatividad Emprendedora 65

5.1 Identificar un Nicho Rentable o Vacío en el Mercado 65

5.2 Lanzamiento de un Negocio de Manufactura a Pequeña Escala 67

5.3 Franquicias: Un Atajo hacia el Éxito Empresarial 69

5.4 Creación y Monetización de Propiedad Intelectual (por ejemplo, patentes, marcas comerciales) 71

5.5 Escalar un Negocio Basado en Servicios para un Crecimiento Rápido .. 73

5.6 Impulsando el Crecimiento a través de Estrategias de Marketing y Ventas Dinámicas 75

    5.6.1 Desarrolla una Identidad de Marca Atractiva 76

    5.6.2 Crea una Presencia Online Sobresaliente 76

    5.6.3 Aprovecha el Poder del Marketing de Contenidos 77

    5.6.4 Aprovecha el Arte de Contar Historias 77

    5.6.5 Aprovecha el Marketing de Referencia 77

    5.6.6 Cultiva Alianzas Estratégicas 78

    5.6.7 Aprovecha la Publicidad Digital 79

    5.6.8 Cultiva Conexiones Personales 79

    5.6.9 Prioriza un Servicio al Cliente Excepcional 80

    5.6.10 Monitorea y Optimiza Continuamente 80

Capítulo 6: Navegando en el Mundo de las Fuentes de Ingresos Pasivos 82

6.1 Construyendo una Cartera de Dividendos para la Creación de Riqueza a Largo Plazo 82

6.2 Generando Ingresos por Alquiler a través de Propiedades Inmobiliarias 84

6.3 Diseño y Venta de Productos Digitales (eBooks, Cursos) 84

6.4 Maximizando Rendimientos de Plataformas de Préstamos entre Pares 85

6.5 Explorando Oportunidades de Regalías en Industrias Creativas 86

Capítulo 7: Estrategias para la Optimización Financiera 87

7.1 Implementación de Técnicas Efectivas de Presupuesto y Gestión del Dinero 87

7.2 Minimizar la Deuda y Maximizar el Ahorro 88

    7.2.1 La Regla del 50/30/20 90

7.3 Planificación Fiscal y Estrategias para la Preservación de la Riqueza ... 93

7.4 Aprovechando la Tecnología para la Eficiencia Financiera 94

7.5 Buscar Asesoramiento Profesional para la Gestión de la Riqueza 95

Capítulo 8: Expandiendo y Manteniendo tu Imperio Millonario 97

8.1 Estrategias para Escalar un Negocio Exitoso 97

8.2 Construyendo un Equipo Fuerte y Delegando Responsabilidades 99

8.3 Diversificar Inversiones para una Estabilidad a Largo Plazo 100

8.4 Adaptarse a las Tendencias del Mercado y Aprovechar Oportunidades 101

8.5 Mantener una Mentalidad de Abundancia y Contribuir a la Sociedad 102

Capítulo 9: Conclusión..105

9.1 Establecer Expectativas Realistas 105

9.2 Abrazar una Mentalidad de Crecimiento 105

9.3 Aprovechar el Interés Compuesto y las Inversiones 106

9.4 Explorar Oportunidades de Alto Riesgo y Alta Recompensa 107

9.5 Aprovechar el Poder del Emprendimiento 108

9.6 Aprovechar las Tendencias del Mercado y el Momento Oportuno 109

9.7 Construir una Red de Apoyo Fuerte..109

9.8 Celebrar Hitos y Mantener la Motivación 110

Capítulo 10 (Capítulo Extra): Un Ejemplo Paso a Paso de cómo alcanzar la Meta del Millón de Dólares 112

10.1 Un Ejemplo Real de Cómo Lograr la Meta 112

10.2 Identificación de Oportunidades de Inversión con Alto Potencial....112

10.3 Creación de un Plan de Inversión Estratégica Integral.....................113

10.4 Aprovechando el Interés Compuesto y los Rendimientos de las Inversiones...121

10.5 Implementando Estrategias de Gestión de Riesgos.........................121

10.6 Aprovechando el Poder de la Diversificación....................................122

10.7 Maximizando las Ganancias con un Monitoreo Activo y Ajustes......122

10.8 Utilizando la Tecnología y las Herramientas para el Análisis de Inversiones...123

10.9 Superando Desafíos y Manteniendo la Motivación 123

10.10 Celebrando Hitos y Éxitos 124

10.11 La Importancia del Aprendizaje Continuo y la Adaptación 124

10.12 Escalando: Replicando el Éxito para Futuros Proyectos 125

Capítulo 1: Introducción a la Creación Rápida de Riqueza

1.1 Comprender la Mentalidad de la Creación de Riqueza

Para desbloquear verdaderamente el potencial de la creación rápida de riqueza, es esencial cultivar la mentalidad adecuada. En este capítulo, embarquémonos en un viaje de autodescubrimiento mientras exploramos la psicología detrás de la creación de riqueza. Al comprender el poder de nuestros pensamientos y creencias, podemos allanar el camino hacia un éxito financiero extraordinario.

El pensamiento positivo se encuentra en el núcleo de esta mentalidad transformadora. Al abrazar la positividad, trascendemos las limitaciones del pensamiento escaso y nos abrimos a un mundo de abundancia. Cuando realmente creemos que las oportunidades son abundantes y la riqueza está al alcance de nuestras manos, atraemos la prosperidad a nuestras vidas. Este cambio de mentalidad nos capacita para reconocer y aprovechar oportunidades que de otro modo hubieran pasado desapercibidas.

La confianza en uno mismo, otro aspecto crucial, alimenta nuestra búsqueda de la riqueza. Es la convicción inquebrantable en nuestras habilidades y la fe inquebrantable en nuestro potencial para lograr la grandeza. Cuando creemos sinceramente en nosotros mismos, irradiamos confianza y atraemos los recursos, las asociaciones y las circunstancias que se alinean con nuestras aspiraciones. A través de diversas técnicas y prácticas, exploraremos formas de fortalecer nuestra confianza en nosotros mismos y erradicar la duda.

La visualización y las afirmaciones desempeñan un papel fundamental en la formación de nuestra mentalidad para la creación de riqueza. Al crear imágenes mentales vívidas de nuestros resultados financieros deseados, programamos nuestras mentes para buscar y manifestar esas realidades. Las afirmaciones actúan como declaraciones poderosas que refuerzan creencias positivas sobre nosotros y nuestro potencial financiero. Juntas, estas prácticas nos permiten alinear nuestros pensamientos, emociones y acciones con la visión de riqueza que aspiramos alcanzar.

Además, adoptar un enfoque visionario para la creación de riqueza nos impulsa más allá de los límites del pensamiento convencional. Implica pensar a lo grande, establecer metas audaces y visualizar el impacto que podemos tener en el mundo. Al abrazar un propósito más amplio y alinear nuestros objetivos financieros con nuestros valores, creamos una fuerza motivadora y convincente que alimenta nuestra determinación y resiliencia ante los desafíos.

En esta sección, hemos explorado los conceptos fundamentales que moldean la mentalidad para la creación de riqueza. Al adoptar una mentalidad de abundancia, cultivar la confianza en uno mismo, practicar la visualización y las afirmaciones, y abrazar una perspectiva visionaria, nos equipamos con las herramientas necesarias para la creación rápida de riqueza. A medida que avanzamos, sigamos adentrándonos en las estrategias y principios prácticos que transformarán nuestros sueños en un éxito financiero tangible.

Además, exploramos el papel de la visualización y el establecimiento de metas en la creación de riqueza. Al visualizar los resultados deseados y establecer metas específicas, medibles, alcanzables, relevantes y con un límite de tiempo, alineas tu mente subconsciente con tus acciones conscientes. Esta poderosa combinación alimenta tu motivación y te impulsa en tu camino hacia la construcción de riqueza.

1.2 Establecer Expectativas y Metas Realistas

En la búsqueda de la creación de riqueza, es esencial establecer expectativas y metas realistas que se alineen con tus aspiraciones individuales. Si bien la idea de acumular riqueza rápidamente puede cautivar nuestra imaginación, es crucial abordar este empeño con una mentalidad realista. En esta sección, enfatizamos la importancia de establecer metas SMART: metas que sean Específicas, Medibles, Alcanzables, Relevantes y Con un límite de tiempo.

Al definir tus metas financieras con claridad y precisión, obtienes una visión clara de lo que realmente deseas lograr. Esta visión se convierte en la luz guía que ilumina tu camino hacia el éxito. Es importante desglosar tus metas generales en hitos más pequeños, lo que te permite rastrear tu progreso y mantener la motivación a lo largo del viaje. Este enfoque iterativo te permite celebrar logros en el camino, reforzando tu compromiso y aumentando tu confianza.

Establecer expectativas realistas no significa conformarse con la mediocridad. Al contrario, se trata de comprender tu punto de partida, reconocer los recursos disponibles y reconocer el tiempo y el esfuerzo requeridos para alcanzar el nivel deseado de riqueza. Este enfoque te empodera para tomar decisiones informadas, asumir riesgos calculados y mantener tu determinación ante los desafíos.

Cuando estableces metas realistas, fomentas un sentido de propósito y dirección. Cada hito alcanzado se convierte en un escalón hacia tu visión final. Es importante mantenerse adaptable y abierto a ajustar tus metas a medida que evolucionen las circunstancias, asegurándote de que sigan siendo relevantes y, Además, exploramos el papel de la visualización y el establecimiento de metas en la creación de riqueza. Al visualizar los resultados deseados y establecer metas específicas, medibles, alcanzables, relevantes y con un límite de tiempo, alineas tu mente subconsciente con tus acciones conscientes. Esta poderosa combinación alimenta tu motivación y te impulsa en tu camino hacia la construcción de riqueza.

1.3 Establecer Expectativas y Metas Realistas

En la búsqueda de la creación de riqueza, es esencial establecer expectativas y metas realistas que se alineen con tus aspiraciones individuales. Si bien la idea de acumular riqueza rápidamente puede cautivar nuestra imaginación, es crucial abordar este empeño con una mentalidad realista. En esta sección, enfatizamos la importancia de establecer metas SMART: metas que sean Específicas, Medibles, Alcanzables, Relevantes y Con un límite de tiempo.

Al definir tus metas financieras con claridad y precisión, obtienes una visión clara de lo que realmente deseas lograr. Esta visión se convierte en la luz guía que ilumina tu camino hacia el éxito. Es importante desglosar tus metas generales en hitos más pequeños, lo que te permite rastrear tu progreso y mantener la motivación a lo largo del viaje. Este enfoque iterativo te permite celebrar logros en el camino, reforzando tu compromiso y aumentando tu confianza.

Establecer expectativas realistas no significa conformarse con la mediocridad. Al contrario, se trata de comprender tu punto de partida, reconocer los recursos disponibles y reconocer el tiempo y el esfuerzo requeridos para alcanzar el nivel deseado de riqueza. Este enfoque te empodera para tomar decisiones informadas, asumir riesgos calculados y mantener tu determinación ante los desafíos.

Cuando estableces metas realistas, fomentas un sentido de propósito y dirección. Cada hito alcanzado se convierte en un escalón hacia tu visión final. Es importante mantenerse adaptable y abierto a ajustar tus metas a medida que evolucionen las circunstancias, asegurándote de que sigan siendo relevantes y por ende alineadas con la meta largo plazo.

1.4 Importancia de la Persistencia y Adaptabilidad

Alcanzar el éxito financiero y crear riqueza es un viaje lleno de desafíos y obstáculos. En esta sección, nos adentramos en la importancia de la persistencia y la adaptabilidad para superar estos inevitables obstáculos. Creemos apasionadamente que, con una determinación inquebrantable y una disposición para adaptarse, puedes conquistar cualquier contratiempo y continuar en el camino hacia la prosperidad.

La persistencia es la fuerza impulsora que convierte los sueños en realidad. Es el compromiso inquebrantable con tus metas, incluso cuando te enfrentas a dificultades o contratiempos. Es la tenacidad para superar obstáculos, aprender de los fracasos y seguir adelante. El camino hacia la creación de riqueza rara vez es suave, pero la persistencia asegura que te mantengas enfocado y motivado, sin dejarte desanimar por contratiempos temporales.

Considera las inspiradoras historias de aquellos que han triunfado sobre la adversidad en su camino hacia el éxito financiero. Desde la pobreza hasta la riqueza, estas personas demuestran el poder de la persistencia. Enfrentaron innumerables rechazos, experimentaron fracasos y tuvieron momentos de duda. Sin embargo, a través de su determinación inquebrantable y su negativa a rendirse, finalmente lograron un éxito notable.

La adaptabilidad es otro rasgo crucial que complementa a la persistencia. En un mundo en constante cambio, ser adaptable te permite navegar por circunstancias imprevistas y aprovechar nuevas oportunidades. Es la capacidad para ajustar tus estrategias, abrazar la innovación y pivotar cuando sea necesario. Al abrazar el cambio en lugar de resistirlo, te posicionas para prosperar en un panorama financiero en constante evolución.

Cuando surjan desafíos, es importante evaluar la situación, aprender de ella y adaptar tu enfoque en consecuencia. Una determinada estrategia de inversión no está dando los resultados esperados, o un cambio en el mercado requiere un cambio en tu modelo de negocio. Adaptarse a estos cambios te permite mantenerte a la vanguardia, identificar tendencias emergentes y tomar decisiones informadas que conducen al éxito a largo plazo.

Al incorporar la persistencia y la adaptabilidad en tu viaje hacia la creación de riqueza, trazas un camino de resiliencia y crecimiento. Te proporcionan la mentalidad y la flexibilidad necesarias para superar obstáculos y aprovechar oportunidades. Recuerda, el camino hacia la riqueza no es lineal, sino una serie de altibajos. Es tu perseverancia y adaptabilidad lo que determinará tu éxito.

Así que, al embarcarte en tu viaje hacia el éxito financiero, mantén la llama de la persistencia ardiendo en tu interior. Acepta los desafíos como oportunidades de crecimiento y aprendizaje. Mantente flexible, adapta a las circunstancias cambiantes y perfecciona tus estrategias en el camino. Al encarnar estas cualidades, te encaminas hacia un futuro de abundancia y plenitud.

1.5 Estrategias para Maximizar Recursos Limitados

Aceptar el desafío de los recursos limitados es una característica distintiva de los emprendedores visionarios. No es la falta de recursos lo que determina el éxito, sino la habilidad para aprovecharlos sabiamente. En este capítulo, emprendemos un viaje de innovación y optimización de recursos, descubriendo estrategias para maximizar cada gramo de potencial a tu alcance.

1.5.1 Networking y Alianzas Estratégicas: El Poder de la Sinergia

Nadie logra grandes hazañas por sí solo. Al abrazar el poder del networking y construir alianzas estratégicas, desbloqueas un mundo de posibilidades. Rodéate de personas con ideas afines, expertos y mentores que complementen tus habilidades y compartan tu visión. Juntos, pueden lograr más de lo que nunca podrían por separado. Colabora, aúna tus recursos y combina tus fortalezas para crear una situación en la que todos ganen y te impulse hacia el éxito. Recuerda, la sinergia impulsa el crecimiento exponencial.

1.5.2 Marketing Coste-Efectivo: Amplifica tu Impacto con un Presupuesto Limitado

Tradicionalmente, el marketing se ha asociado con presupuestos elevados y grandes campañas publicitarias. Sin embargo, en la era digital, existen vías rentables para dejar tu huella sin agotar tus recursos. Aprovecha el potencial ilimitado de la tecnología y las plataformas digitales. Las redes sociales, el marketing de contenido y la publicidad en línea dirigida te permiten llegar a tu público objetivo de manera precisa y eficiente. Crea historias convincentes, comparte ideas valiosas e interactúa auténticamente con tu audiencia. Al aprovechar el poder del entorno digital, puedes amplificar tu impacto mientras controlas los costos.

1.5.3 Pensar Creativamente: Desata al Visionario Ingenioso que Hay en Ti

Las limitaciones de recursos a menudo desatan la creatividad. Es en momentos de limitación cuando la verdadera innovación florece. En lugar de centrarte en lo que te falta, concéntrate en lo que tienes a tu disposición. Desafía el pensamiento convencional, explora soluciones no convencionales y Re-Imagina las posibilidades. Un emprendedor visionario trasciende los límites de la sabiduría convencional y encuentra formas innovadoras de aprovechar los recursos limitados. Asume el papel de un visionario ingenioso y descubre el potencial sin explotar a tu alcance.

1.5.4 Aprovechando al Máximo los Recursos Limitados: Consejos Prácticos para Acelerar tu Riqueza

Si bien la mentalidad visionaria es crucial, la implementación práctica es igualmente importante. En esta sección, te proporcionamos consejos prácticos e ideas para aprovechar al máximo tus recursos limitados. Desde aprovechar la externalización y la automatización hasta optimizar la gestión del tiempo y priorizar tareas, profundizamos en los detalles prácticos de la optimización de recursos. Descubre cómo asignar recursos de manera efectiva, optimizar procesos y eliminar ineficiencias. Al convertirte en un Maestro de la Gestión de Recursos, desbloqueas la clave para acelerar tu viaje hacia la creación de riqueza.

En conclusión, los recursos limitados nunca deberían obstaculizar tu búsqueda de la creación de riqueza. En cambio, deberían servir como un catalizador para la innovación y la optimización de recursos. A través del networking y las alianzas estratégicas, tácticas de marketing rentables, pensamiento creativo e implementación práctica, puedes maximizar el potencial de tus recursos limitados. Acepta los desafíos, adopta una mentalidad visionaria y permite que tu ingenio resplandezca mientras emprendes un viaje transformador hacia la creación de riqueza.

1.6 Construyendo una Base Sólida para el Éxito Financiero

En la búsqueda del éxito financiero, es crucial establecer una base sólida que pueda resistir las pruebas del tiempo. Esta sección explora los elementos esenciales necesarios para construir dicha base, empoderándote para lograr una creación de riqueza sostenible.

La educación financiera sirve como el cimiento de tu viaje hacia la prosperidad. Comprender los principios de la gestión del dinero y familiarizarte con los conceptos clave te permite navegar el complejo mundo de las finanzas con confianza. Al adquirir conocimientos financieros, obtienes las herramientas necesarias para tomar decisiones informadas y aprovechar las oportunidades que se alinean con tus objetivos.

Un plan financiero sólido forma la piedra angular de tu base. Este plan tiene en cuenta tus objetivos a corto y largo plazo, proporcionando una hoja de ruta para guiar tus decisiones financieras. Actúa como una brújula, manteniéndote en el rumbo en medio de las incertidumbres del mercado. A través de una planificación cuidadosa y estratégica, puedes optimizar tus recursos y aprovecharlos de manera efectiva para crear riqueza.

Un aspecto crucial para construir una base sólida es abrazar el concepto de múltiples fuentes de ingresos. Confiar únicamente en una única fuente de ingresos puede ser precario en un panorama económico en constante cambio. Al diversificar tus fuentes de ingresos, creas resiliencia y mejoras tu estabilidad financiera. Explora diversas vías, como inversiones, negocios secundarios o fuentes de ingresos pasivos, que te permitan acceder a flujos de ingresos adicionales, aumentando tu potencial de ganancias en general.

La diversificación se extiende más allá de las fuentes de ingresos e incluye también las inversiones. Una cartera de inversiones bien diversificada mitiga el riesgo al distribuir tus inversiones en diferentes clases de activos, sectores y regiones geográficas. Este enfoque reduce el impacto de la volatilidad del mercado en tu riqueza y aumenta la probabilidad de crecimiento a largo plazo. Al diversificar, te posicionas para beneficiarte de diferentes ciclos económicos y capitalizar oportunidades emergentes.

Proteger tu riqueza es otro aspecto fundamental para construir una base sólida. Las inversiones prudentes y la evaluación de riesgos desempeñan un papel crucial en la salvaguardia de tu bienestar financiero. Realizar investigaciones exhaustivas y debidas antes de tomar decisiones de inversión asegura que tu dinero ganado con esfuerzo se destine a proyectos con perfiles favorables de riesgo-recompensa. Además, asegurarte de tener un adecuado seguro y un plan de contingencia en caso de emergencias proporciona tranquilidad y protección frente a eventos inesperados.

Por último, pero no menos importante, la construcción de una base sólida para el éxito financiero requiere la gestión adecuada de tus gastos y la práctica de la disciplina financiera. El gasto consciente, el ahorro regular y la evitación de deudas innecesarias te permiten optimizar tus recursos y mantener un equilibrio saludable entre tus ingresos y tus gastos. Cultivar buenos hábitos financieros y mantener un estilo de vida que se ajuste a tus medios te brinda una base sólida desde la cual puedes construir y hacer crecer tu riqueza.

En resumen, construir una base sólida para el éxito financiero implica educación financiera, un plan financiero sólido, múltiples fuentes de ingresos, diversificación de inversiones, protección de la riqueza y disciplina financiera. Al combinar estos elementos, estarás bien equipado para enfrentar los desafíos, aprovechar las oportunidades y lograr una creación de riqueza sostenible a lo largo del tiempo.

Capítulo 2: Aprovechando el Poder de los Negocios en Línea

2.1 Identificar Oportunidades Lucrativas de Negocios en Línea

Bienvenido a un mundo de posibilidades ilimitadas en el ámbito de los negocios en línea. En este capítulo, emprendemos un viaje de exploración, donde desentrañamos tendencias emergentes y descubrimos nichos lucrativos rebosantes de un increíble potencial de crecimiento. Prepárate para sumergirte en el arte de la investigación de mercado, la tarea intricada de identificar audiencias objetivo y el emocionante proceso de seleccionar modelos de negocio que armonicen perfectamente con tus pasiones y conocimientos.

A medida que te adentres más en este capítulo, permítete visualizar el emocionante mundo de las oportunidades de negocios en línea que se despliegan ante tus ojos. Imagina el ascenso meteórico de los gigantes del comercio electrónico, la imparable oleada de servicios digitales y el poder transformador de los mercados virtuales. El panorama digital es un lienzo expansivo que espera tus pinceladas creativas para crear una obra maestra de éxito.

La investigación de mercado se convierte en tu brújula guía mientras navegas por este vasto terreno. Sumérgete en las complejidades de comprender el comportamiento del consumidor, identificar sus problemas y anticipar sus deseos. Descubre los vacíos en el mercado que presentan oportunidades únicas para soluciones innovadoras. Con cada investigación, obtendrás una visión más clara de dónde se cruzan tus conocimientos y pasiones con las necesidades no satisfechas.

Ahora, consideremos el concepto de audiencias objetivo: los protagonistas clave de tu viaje emprendedor. Visualiza sus diversas personalidades, aspiraciones y desafíos que enfrentan. Sumérgete en su mundo para comprender sus motivaciones, preferencias y patrones de compra. Al alinear tus ofertas con sus necesidades, no solo estableces una conexión profunda, sino que también desbloqueas el potencial de una lealtad duradera de los clientes y un crecimiento sostenible.

A medida que progreses en esta odisea emprendedora, la selección del modelo de negocio adecuado toma el centro del escenario. Reflexiona sobre tus fortalezas e intereses personales, ya que tienen el poder de impulsar tu negocio con entusiasmo inquebrantable. ¿Crearás un imperio del comercio electrónico, cautivando a los clientes con una selección curada de productos? ¿O aprovecharás el panorama digital para ofrecer servicios transformadores que revolucionen las industrias? La elección es tuya, pero la clave está en elegir un camino que encienda tu pasión y resuene con tu visión.

Recuerda, en esta búsqueda emocionante, ninguna idea es demasiado audaz, ningún sueño es demasiado grande. Permite que tu imaginación vuele, porque en los reinos de la audacia es donde nacen los conceptos más revolucionarios. Cultiva una creencia inquebrantable en tus habilidades y deja que tu visión guíe tus pasos.

Entonces, al poner un pie en este camino de identificar oportunidades lucrativas de negocios en línea, abre tu mente a las posibilidades infinitas que te esperan. Abraza el poder transformador de la tecnología, los deseos en constante evolución de los consumidores y el potencial ilimitado de tu espíritu emprendedor. Juntos, embarquémonos en este extraordinario viaje de descubrimiento, donde el éxito no conoce límites.

2.2 Creando una Tienda de E-commerce Rentable

En medio de la revolución digital, el ámbito del comercio electrónico ha surgido como una avenida incomparable para la creación de riqueza. Permítenos ser tu guía mientras navegamos por el camino para establecer una tienda de comercio electrónico rentable. Imagínate buscando o creando productos que se alineen con las demandas del mercado y diseñando una presencia en línea que cautive a tu audiencia.

En el vasto panorama del comercio electrónico, el éxito radica en comprender y dominar conceptos clave. Adentrémonos en algunas estrategias y sugerencias que pueden impulsar tu emprendimiento de comercio electrónico a nuevas alturas:

2.2.1 Posicionamiento Efectivo de Productos

Imagina el poder de posicionar estratégicamente tus productos para resonar con tu audiencia objetivo. Mediante la investigación de mercado, identificando brechas o tendencias y analizando las preferencias del consumidor, puedes seleccionar una gama de productos que satisfaga directamente las necesidades y deseos de tus clientes. Considera ofrecer características únicas, solucionar problemas específicos o atender a mercados de nicho para destacarte de la competencia.

2.2.2 Adquisición de Clientes

En el mercado digital en constante expansión, adquirir clientes es un componente esencial de tu historia de éxito en el comercio electrónico. Visualiza la implementación de diversas estrategias de adquisición de clientes, como la optimización de motores de búsqueda (SEO), la publicidad de pago por clic (PPC), el marketing en redes sociales, el marketing de contenidos y las colaboraciones con influencers. Estos enfoques pueden ayudarte a generar tráfico dirigido a tu tienda en línea, aumentar el conocimiento de tu marca y convertir visitantes en clientes leales.

2.2.3 Optimización de Conversiones

Imagina el impacto de optimizar tu sitio web o tienda en línea para aumentar la tasa de conversión. Al analizar el comportamiento del usuario, probar diferentes diseños, mejorar la velocidad del sitio web y simplificar el proceso de compra, puedes mejorar la experiencia del usuario y alentar a más visitantes a realizar una compra. Visualiza la utilización de redacción persuasiva, imágenes de productos cautivadoras, testimonios de clientes y llamadas claras a la acción para inspirar confianza en tus posibles compradores.

2.2.4 Abrazar las Tecnologías Emergentes

En el panorama digital en constante evolución de hoy en día, mantenerse por delante de la competencia requiere una mentalidad visionaria y disposición para abrazar las tecnologías emergentes. Al explorar las posibilidades que ofrecen estas innovaciones de vanguardia, puedes revolucionar la forma en que interactúas con los clientes y crear experiencias únicas que distingan tu negocio de comercio electrónico. Adentrémonos en algunos conceptos clave y sugerencias que pueden ayudarte a aprovechar las tecnologías emergentes a tu favor:

En visionar el Futuro:

Como emprendedor con visión de futuro, es esencial imaginar constantemente el futuro del comercio electrónico. Visualiza un mundo donde tus clientes puedan interactuar sin problemas con tu marca a través de tecnologías avanzadas, creando una experiencia de compra personalizada e inmersiva. Al aprovechar tu creatividad y visualizar las posibilidades, puedes identificar cómo se pueden integrar las tecnologías emergentes en tu ecosistema de comercio electrónico.

Integración de Chatbots e IA:

Una forma de mejorar la experiencia del cliente y agilizar las operaciones es mediante la integración de chatbots y herramientas de servicio al cliente impulsadas por IA. Estos asistentes virtuales inteligentes pueden manejar consultas de clientes, ofrecer recomendaciones de productos y ayudar con el seguimiento de pedidos, todo en tiempo real. Al aprovechar los chatbots, puedes garantizar la disponibilidad las 24 horas del día, los 7 días de la semana y el soporte instantáneo, brindando un servicio al cliente excepcional y aumentando la satisfacción del cliente.

Aprovechar el Poder de la Realidad Aumentada (RA) y la Realidad Virtual (RV):

Imagina si tus clientes pudieran visualizar tus productos en su propio espacio antes de realizar una compra. Las tecnologías de realidad aumentada (RA) y realidad virtual (RV) permiten precisamente eso. Al crear experiencias inmersivas, puedes permitir que los clientes interactúen virtualmente con tus productos, aumentando el compromiso y reduciendo las dudas antes de la compra. Ya sea probándose ropa virtualmente, visualizando muebles en sus hogares o explorando destinos en una experiencia de viaje virtual, la RA y la RV pueden llevar tu negocio de comercio electrónico a nuevas alturas.

Mantenerse Informado y Adaptarse:

Para abrazar por completo las tecnologías emergentes, es crucial mantenerse informado sobre las últimas innovaciones y tendencias en la industria del comercio electrónico. Presta atención a las publicaciones del sector, asiste a conferencias y eventos relevantes y entabla relaciones con líderes de pensamiento en tecnología. Al mantenerte informado, puedes identificar nuevas herramientas, plataformas o tendencias que se alineen con tus objetivos comerciales. Adopta una mentalidad de aprendizaje continuo y esté preparado para adaptarte y aprovechar nuevas tecnologías a medida que surjan.

Colaborar y Asociarse:

A menudo, las tecnologías emergentes requieren experiencia y recursos especializados. Considera colaborar con socios o expertos en tecnología que puedan ayudarte a navegar por el complejo proceso de implementación e integración. Busca alianzas estratégicas con empresas especializadas en desarrollo de RA/RV, tecnologías de chatbot o soluciones de IA. Al formar colaboraciones, puedes aprovechar la experiencia de otros y centrarte en tus operaciones comerciales principales.

En conclusión, abrazar las tecnologías emergentes es una emocionante oportunidad para que los negocios de comercio electrónico transformen la experiencia del cliente y obtengan una ventaja competitiva. Al imaginar el futuro, integrar chatbots e IA, aprovechar la RA y la RV, mantenerse informado y colaborar con expertos, puedes posicionar tu negocio en la vanguardia de la innovación. Recuerda que la clave del éxito radica en tener una mentalidad abierta, ser adaptable y estar dispuesto a explorar y adoptar nuevas tecnologías a medida que evoluciona el panorama del comercio electrónico.

2.2.5 Construyendo una Marca Fuerte

En el vasto mar de tiendas en línea, imagina el impacto de construir una marca sólida y memorable. Invierte tiempo y esfuerzo en crear una historia de marca convincente, desarrollar una identidad visual única y crear una voz de marca consistente. Visualiza establecer una sólida presencia en línea a través de contenido cautivador, interacciones en redes sociales y experiencias personalizadas para los clientes. Una marca bien definida puede cultivar la lealtad de los clientes, fomentar el boca a boca y diferenciar tu tienda de comercio electrónico de la competencia.

Mientras te embarcas en tu viaje para crear una tienda de comercio electrónico rentable, recuerda visualizar el inmenso potencial que yace en esta industria dinámica y en constante evolución. Al posicionar efectivamente tus productos, adquirir clientes a través de estrategias específicas, optimizar conversiones, abrazar tecnologías emergentes y construir una marca sólida, puedes encaminarte hacia el éxito en el comercio electrónico.

Inspírate en guías en línea y recursos que ofrecen hojas de ruta paso a paso para ayudarte a navegar por las complejidades de establecer y hacer crecer un negocio de comercio electrónico. Acepta tu espíritu emprendedor, mantén la adaptabilidad y aprovecha las oportunidades que el mercado digital presenta. Tu visión, combinada con una ejecución diligente, tiene el poder de convertir tu tienda de comercio electrónico en un emprendimiento próspero e impactante.

2.3 Generando Ingresos Pasivos a través del Marketing de Afiliación

Desbloquea el potencial oculto del marketing de afiliación y emprende un viaje hacia la generación de ingresos pasivos. Imagina el poder de aprovechar tu plataforma en línea para promover y vender productos o servicios ofrecidos por otros. Visualízate como un afiliado de confianza, guiando a tu audiencia hacia soluciones valiosas y cosechando las recompensas a cambio.

Dentro del ámbito del marketing de afiliación, sumérgete en estrategias para construir una audiencia leal, seleccionar programas de afiliación rentables y optimizar conversiones. Visualiza cómo fluyen los flujos de ingresos pasivos sin esfuerzo hacia tu vida a medida que creas un ecosistema digital que prospera en la confianza mutua y el beneficio compartido. Puedes explorar varias opciones disponibles en Amazon.com y otros principales minoristas en línea y distribuidores.

2.4 Monetizando un Blog o Sitio Web de Nicho

Desata todo el potencial de tu creatividad y pasión a través del arte de los blogs y los sitios web de nicho. Visualízate construyendo un imperio digital desde cero, creando contenido cautivador que resuene con tu audiencia objetivo. Imagina tu blog o sitio web de nicho como un centro de inspiración, información y entretenimiento, atrayendo a un público devoto.

Mientras exploramos el proceso de monetización, visualiza múltiples oportunidades abriéndose ante ti. Reconoce el potencial de la publicidad en pantalla, el contenido patrocinado y la venta de productos digitales. Imagina dirigir a multitudes de lectores entusiastas a tu plataforma, optimizando su experiencia de usuario y construyendo una marca que deje una huella indeleble en sus vidas. Consulta el formato disponible entre las numerosas opciones gratuitas de las redes sociales para elegir.

2.5 Lanzando y Escalando un Curso en Línea Exitoso

En esta era digital en constante evolución, la demanda de educación en línea ha alcanzado alturas sin precedentes. Aprovecha la oportunidad de crear y lanzar tu propio curso en línea, compartiendo tu experiencia con estudiantes ávidos de conocimiento en todo el mundo. Visualízate como un faro de sabiduría, guiando a las personas hacia un crecimiento personal y profesional a través del poder de la educación en línea.

Dentro del ámbito de los cursos en línea, visualiza el arte de identificar una habilidad comercializable, crear un contenido de curso meticulosamente estructurado y diseñar experiencias de aprendizaje cautivadoras. Imagina la emoción de ver que tu curso gana impulso, atrayendo a una multitud de estudiantes que buscan mejorar sus vidas. Visualiza cómo escalas tu negocio de cursos en línea a nuevas alturas, llegando a audiencias lejanas y cosechando las abundantes recompensas que vienen con la transformación de vidas a través de la educación.

Deja que el tono motivador y visionario alimente tu ambición. Acepta los conceptos específicos presentados, cada uno de ellos ofrece un escalón hacia tu camino de creación rápida de riqueza a través de emprendimientos comerciales en línea. Visualízate como un pionero en el panorama digital, dejando un legado duradero mientras realizas tus sueños financieros. El momento de embarcarte en este viaje transformador y esculpir tu propio destino en el ámbito del emprendimiento digital es ahora.

Capítulo 3: Explorando Emprendimientos de Inversión con Alto Potencial

Embarcaremos en un emocionante viaje de exploración de emprendimientos de inversión con alto potencial. Invertir sabiamente puede ser una poderosa herramienta para hacer crecer tu riqueza y alcanzar la libertad financiera. Al comprender los conceptos básicos de la inversión y adentrarnos en avenidas de inversión específicas, te proporcionaremos los conocimientos e ideas necesarios para tomar decisiones de inversión informadas. ¡Sumerjámonos en esta aventura!

3.1 Comprendiendo los Fundamentos de la Inversión

Antes de adentrarnos en oportunidades de inversión específicas, es crucial entender los fundamentos de la inversión. Exploraremos conceptos clave como el riesgo y el rendimiento, la asignación de activos, la diversificación y el poder del interés compuesto. Comprender estos principios te brindará una base sólida para tu viaje de inversión y te permitirá tomar decisiones calculadas en línea con tus objetivos financieros.

3.1.1 Comprendiendo el Riesgo y el Rendimiento, la Asignación de Activos, la Diversificación y el Poder del Interés Compuesto

Riesgo y Rendimiento:

El riesgo se refiere a la incertidumbre y el potencial de pérdida asociados a una inversión. Existe la posibilidad de que el rendimiento real de una inversión difiera del rendimiento esperado. Las inversiones de mayor riesgo ofrecen el potencial de mayores rendimientos, pero también conllevan una mayor probabilidad de pérdida. Por otro lado, el rendimiento representa la ganancia o beneficio generado por una inversión durante un período específico. Es la recompensa que los inversores reciben por asumir riesgos de inversión. La relación entre el riesgo y el rendimiento suele ser positiva, lo que significa que las inversiones de mayor riesgo tienen el potencial de generar mayores rendimientos.

Asignación de Activos:

La asignación de activos se refiere al proceso de distribuir fondos de inversión en diferentes clases de activos, como acciones, bonos, bienes raíces y equivalentes de efectivo. Se basa en el principio de que las diferentes clases de activos tienen diferentes niveles de riesgo y características de rendimiento. Al diversificar las inversiones en varias clases de activos, los inversores buscan reducir el riesgo general y optimizar los posibles rendimientos. La asignación de activos se determina generalmente en función de la tolerancia al riesgo, los objetivos financieros y el horizonte temporal de cada individuo.

Diversificación:

La diversificación es una estrategia de gestión del riesgo que implica distribuir las inversiones en diferentes activos, industrias, regiones o tipos de inversión. El objetivo de la diversificación es reducir el impacto de posibles pérdidas de cualquier inversión o clase de activos específica. Al diversificar una cartera, los inversores pueden compensar las pérdidas en una inversión con las ganancias en otras. La diversificación ayuda a mitigar el riesgo y aumenta la probabilidad de obtener rendimientos más consistentes y estables a lo largo del tiempo.

El Poder del Interés Compuesto:

El poder del interés compuesto se refiere a la capacidad de una inversión para generar ganancias tanto sobre el capital inicial como sobre los intereses o rendimientos acumulados a lo largo del tiempo. A medida que los rendimientos de la inversión se reinvierten, el efecto del interés compuesto amplifica el crecimiento de la inversión. A lo largo de un período largo, el interés compuesto puede llevar a un crecimiento exponencial. La clave para maximizar el poder del interés compuesto es comenzar a invertir temprano, reinvertir las ganancias y mantener un horizonte de inversión a largo plazo. Al aprovechar el poder del interés compuesto, incluso pequeñas inversiones pueden crecer significativamente con el tiempo y contribuir a la acumulación de riqueza a largo plazo.

3.2 Invertir en Acciones y Empresas que Pagan Dividendos

La inversión en el mercado de valores ofrece un gran potencial para crear riqueza. Nos adentraremos en el mundo de las acciones, explorando cómo evaluar empresas, analizar estados financieros e identificar acciones subvaluadas con potencial de crecimiento. Enfócate en empresas que pagan dividendos, las cuales proporcionan una corriente de ingresos pasivos a través de pagos regulares de dividendos. Aprende estrategias para identificar empresas con dividendos sostenibles y desbloquear el potencial de acumulación de riqueza a largo plazo.

3.3 Estrategias de Inversión Inmobiliaria para Obtener Retornos Rápidos

La inversión inmobiliaria puede ser una avenida lucrativa para generar retornos rápidos. Examinaremos diferentes estrategias como la compra y venta de propiedades, inversiones en alquiler y financiamiento colectivo inmobiliario. Descubre guías en línea sobre cómo realizar investigaciones de mercado, evaluar el valor de una propiedad, negociar acuerdos y gestionar eficazmente tu cartera inmobiliaria. Descubre los secretos para construir riqueza a través de bienes raíces y aprovechar las oportunidades disponibles en este mercado dinámico.

3.3.1 Comprendiendo la Compra y Venta de Propiedades, Inversiones en Alquiler y Financiamiento Colectivo Inmobiliario

Compra y Venta de Propiedades:

La compra y venta de propiedades se refiere a la práctica de adquirir una propiedad, generalmente a un precio reducido, con la intención de renovarla o mejorarla y venderla a un precio más alto en un período relativamente corto. Los inversionistas suelen enfocarse en propiedades en dificultades o que necesitan reparaciones significativas. El objetivo es agregar valor a la propiedad a través de renovaciones o mejoras y luego venderla rápidamente para obtener ganancias.

Inversiones en Alquiler:

Las inversiones en alquiler implican adquirir propiedades con la intención de generar ingresos mediante su alquiler a inquilinos. Los inversionistas pueden adquirir propiedades residenciales (como casas, apartamentos o condominios) o propiedades comerciales (como espacios de oficina o locales comerciales). Las inversiones en alquiler ofrecen el potencial de flujo de efectivo continuo y acumulación de riqueza a largo plazo. Los inversionistas suelen obtener ingresos de alquiler que superan sus gastos (como pagos de hipoteca, impuestos a la propiedad y costos de mantenimiento) y también pueden beneficiarse del aumento del valor de la propiedad con el tiempo.

Financiamiento Colectivo Inmobiliario:

El financiamiento colectivo inmobiliario es un nuevo modelo de inversión que permite a múltiples inversionistas unir sus fondos para invertir en proyectos inmobiliarios. A través de plataformas en línea, los inversionistas individuales pueden acceder a una amplia gama de oportunidades inmobiliarias, incluyendo propiedades residenciales, comerciales o industriales, sin la necesidad de un capital sustancial. Los inversionistas pueden elegir proyectos específicos según sus preferencias y tolerancia al riesgo. A cambio de su inversión, generalmente reciben rendimientos en forma de ingresos por alquiler, apreciación del capital o participación en las ganancias, dependiendo de la estructura de la inversión y el éxito del proyecto. El financiamiento colectivo inmobiliario proporciona una vía para que las personas participen en inversiones inmobiliarias con barreras de entrada más bajas y potencialmente diversifiquen sus carteras.

3.3.2 Investigación de Mercado y Evaluación: Descubriendo el Camino hacia el Éxito en Bienes Raíces

En el vasto mundo de la inversión inmobiliaria, el conocimiento es poder. Para desbloquear las puertas del éxito, debes embarcarte en un viaje de investigación de mercado exhaustiva y evaluación de propiedades. Al adentrarte en la profundidad de estos conceptos esenciales, obtendrás una comprensión profunda de la dinámica del mercado, aprovecharás oportunidades y maximizarás tus rendimientos de inversión. Exploremos los aspectos clave de la investigación de mercado y evaluación, y cómo pueden impulsar tus proyectos inmobiliarios hacia nuevas alturas.

3.3.2.1 Investigación de Mercado: Iluminando Perspicacias sobre la Dinámica Local

Para tomar decisiones de inversión informadas, es imperativo comprender la intrincada tela de las tendencias del mercado local. Sumérgete en los matices de tu ubicación objetivo, desentrañando las dinámicas cambiantes que moldean el panorama inmobiliario. Analiza el pulso del mercado, estudiando factores como la oferta y demanda, los precios de alquiler, las tasas de vacancia y las tendencias de apreciación de propiedades. Al sumergirte en esta abundancia de información, podrás anticipar las fluctuaciones del mercado, identificar oportunidades emergentes y alinear tus inversiones con el espíritu del momento.

3.3.2.2 Cambios Demográficos: La Base de la Sabiduría de la Inversión

Un inversionista inmobiliario visionario reconoce el inmenso impacto de los cambios demográficos en la demanda y el valor de las propiedades. Descubre las mareas siempre cambiantes del crecimiento de la población, los patrones de migración y el desarrollo urbano. Comprende las necesidades y aspiraciones de las comunidades que rodean tus posibles inversiones. Al estar atento a estos cambios demográficos, podrás posicionarte estratégicamente, satisfacer las demandas de un mercado dinámico y desbloquear las puertas hacia un éxito sostenible en el sector inmobiliario.

3.3.2.3 Evaluación de Propiedades: El Arte de Descubrir el Valor Intrínseco

La evaluación de propiedades es una habilidad fundamental en el mundo de la inversión inmobiliaria. Aprende a desentrañar el valor intrínseco de una propiedad, basándote en criterios sólidos y análisis profundo. Estudia factores como la ubicación, el tamaño, las características, el estado de la propiedad y las tendencias del mercado. Domina técnicas de valoración, como el análisis comparativo de ventas y el enfoque del ingreso, para determinar el valor justo de una propiedad y evaluar su potencial de retorno de inversión. La evaluación precisa es la base sobre la cual se construyen estrategias sólidas de inversión inmobiliaria y se obtienen resultados exitosos.

Estos son solo algunos de los temas y conceptos que podrían ser cubiertos en el libro "Inversiones para la libertad financiera". Cada capítulo se adentraría en detalles específicos y proporcionaría información práctica y ejemplos para ayudar a los lectores a comprender y aplicar los principios de inversión en su propio viaje hacia la libertad financiera.

3.3.2.4 Evaluación de Propiedades: Descubriendo las Joyas entre el Polvo

En el mundo de la inversión inmobiliaria, un ojo perspicaz para evaluar propiedades es tu brújula. Cultiva la experiencia para evaluar el valor y el potencial de las propiedades prospectivas. Adquiere las herramientas para evaluar la ubicación, las comodidades, el estado de la propiedad y la demanda del mercado. Descubre las joyas ocultas en medio de un mar de posibilidades, seleccionando propiedades que se alineen armoniosamente con tus objetivos de inversión. Con cada inversión, busca descubrir el potencial no explotado y visualiza la transformación que yace dentro.

3.3.2.5 Desata el Poder de los Recursos en Línea y la Orientación de Expertos

En esta era digital, una amplia gama de recursos y orientación de expertos te esperan al alcance de tus dedos. Aprovecha el poder de las plataformas en línea, guías y consejos de expertos para enriquecer tus esfuerzos de investigación y evaluación de mercado. Sumérgete en las ideas de la industria, absorbe las opiniones de expertos y aprende de aquellos que han recorrido el camino antes que tú. Acepta la sabiduría compartida por profesionales experimentados, destilando su conocimiento para diseñar tus estrategias de inversión únicas.

3.3.2.6 Abraza el Viaje hacia la Maestría en Bienes Raíces

La búsqueda del éxito en la inversión inmobiliaria es un viaje continuo, lleno de infinitas oportunidades de crecimiento y prosperidad. Abraza la emoción de la investigación y evaluación de mercado como pilares vitales de tu estrategia de inversión. Equípate con las herramientas, perspicacia y mentalidad visionaria necesarias para navegar por las corrientes cambiantes del mercado inmobiliario. Con cada decisión de inversión, deja que tu conocimiento te guíe y que tu pasión te impulse hacia un futuro definido por posibilidades ilimitadas.

3.4 Adentrándose en las Criptomonedas y la Tecnología Blockchain

Las criptomonedas y la tecnología blockchain han desatado una ola de innovación que está remodelando el panorama financiero tal como lo conocemos. En esta sección, nos embarcamos en un emocionante viaje para descubrir los fundamentos de las criptomonedas y sumergirnos en el poder transformador de la tecnología blockchain.

Comenzamos desentrañando el intrincado mundo de las criptomonedas, desde el pionero Bitcoin hasta la amplia gama de monedas digitales que han surgido desde entonces. Comprenderás los principios fundamentales de las monedas digitales descentralizadas, explorando conceptos como la criptografía, la tecnología de registros distribuidos y los algoritmos de consenso. Al comprender estos elementos fundamentales, adquirirás una sólida comprensión de cómo funcionan las criptomonedas y sus posibles implicaciones.

Pero la historia no termina ahí. Nos adentramos más profundamente en la tecnología blockchain, la innovación revolucionaria detrás de las criptomonedas. La blockchain representa un cambio de paradigma en cómo validamos y almacenamos datos de forma segura. Su naturaleza distribuida y transparente elimina la necesidad de intermediarios, fomentando la confianza y eficiencia en una amplia gama de industrias. Descubre cómo la blockchain puede interrumpir sectores como las finanzas, la gestión de la cadena de suministro, la atención médica y más.

A medida que navegamos por el emocionante mundo de las criptomonedas y la blockchain, también arrojamos luz sobre los riesgos y consideraciones asociados con esta clase de activos emergente. La volatilidad y los desafíos regulatorios presentan obstáculos únicos que exigen un enfoque cauteloso. Obtendrás información sobre estrategias para mitigar riesgos, proteger tus inversiones y tomar decisiones informadas en este ecosistema acelerado y dinámico.

Además, exploramos oportunidades de inversión dentro de las criptomonedas. Al examinar las tendencias del mercado, evaluar los fundamentos del proyecto y comprender las complejidades de la economía de tokens, estarás equipado para identificar posibles joyas en medio del mar de activos digitales. Enfatizamos la importancia de realizar una investigación exhaustiva y una debida diligencia antes de comprometer tus recursos, capacitándote para navegar el panorama de las criptomonedas en constante evolución con confianza.

Esta sección tiene como objetivo proporcionarte el conocimiento y las herramientas necesarias para aventurarte en el cautivador mundo de las criptomonedas y la tecnología blockchain. Al comprender los fundamentos, evaluar los riesgos e identificar oportunidades, te posicionarás para aprovechar el potencial transformador de esta frontera digital en rápida evolución.

3.5 Evaluación de Startups de Alto Crecimiento y Oportunidades de Inversión Ángel

El mundo de los startups de alto crecimiento y la inversión ángel atrae a aquellos con una visión de futuro y un anhelo de retornos extraordinarios. En esta sección, nos embarcamos en una emocionante exploración del panorama empresarial, descubriendo los secretos para identificar startups prometedores y participar en la inversión ángel.

Comenzamos sumergiéndonos en la mentalidad de los inversores ángel exitosos, visionarios que han respaldado algunas de las empresas más disruptivas y revolucionarias de nuestra época. Inspirándonos en sus experiencias, desbloqueamos los atributos clave que buscan en las oportunidades de inversión potenciales. Desde el potencial de mercado y la escalabilidad hasta la solidez del equipo fundador, adquirirás una comprensión integral de lo que distingue a los startups de alto crecimiento.

A medida que continuamos nuestro viaje, nos adentramos en el arte de la debida diligencia, el meticuloso proceso de evaluación de los startups y su potencial de crecimiento. Desglosamos los elementos críticos que requieren un análisis detenido, desde el análisis de mercado y el panorama competitivo hasta las proyecciones financieras y la evaluación de la propiedad intelectual. Armado con estos conocimientos, estarás empoderado para tomar decisiones de inversión informadas, identificando startups con el potencial de alcanzar alturas sin precedentes.

También arrojamos luz sobre los riesgos inherentes a la inversión ángel. Las empresas en etapas tempranas enfrentan numerosos desafíos y no todas saldrán victoriosas. Exploramos estrategias para mitigar el riesgo y proteger tus inversiones, incluyendo la diversificación, la construcción de una cartera sólida y buscar asesoramiento experto cuando sea necesario. Al comprender las trampas y cómo navegar por ellas, estarás bien preparado para embarcarte en este emocionante y gratificante viaje de inversión.

Pero no se trata solo de las recompensas financieras. Participar en la inversión ángel te permite ser un catalizador del cambio, apoyando ideas innovadoras que tienen el poder de remodelar industrias y mejorar vidas. Al nutrir startups prometedores, contribuyes al tejido del espíritu empresarial, fomentando un ecosistema que impulsa el progreso y la innovación.

En esta sección, te animamos a visualizarte como un mecenas de la próxima generación de disruptores. A través de la inversión ángel, tienes la oportunidad de participar en su viaje, compartir sus triunfos y potencialmente multiplicar tu inversión de manera exponencial. Es un camino emocionante que requiere tanto pensamiento estratégico como espíritu audaz, pero las recompensas pueden ser invaluables.

Se anima al lector a explorar el mundo de los startups de alto crecimiento y la inversión ángel, donde mentes visionarias convergen para apoyar ideas innovadoras. Libera tu espíritu emprendedor, evalúa oportunidades con un ojo perspicaz y prepárate para embarcarte en un viaje de inversión que va más allá de las ganancias financieras.

Juntos, moldeemos el futuro y dejemos una huella indeleble en el mundo de la innovación.

Conclusión:

En este capítulo, nos hemos embarcado en una exploración de inversiones con alto potencial. Comprendiendo los conceptos básicos de la inversión, adentrándonos en acciones y empresas que generan dividendos, explorando estrategias de inversión en bienes raíces, adentrándonos en las criptomonedas y la tecnología blockchain, y evaluando startups de alto crecimiento y oportunidades de inversión ángel, todos son caminos hacia la creación de riqueza. Al aplicar el conocimiento y los conceptos discutidos en este capítulo, podrás posicionarte para aprovechar oportunidades de inversión lucrativas y desbloquear el potencial de un crecimiento financiero significativo. Recuerda que, con una toma de decisiones informada y una mentalidad visionaria, puedes navegar por el panorama de inversiones y embarcarte en un viaje hacia la prosperidad financiera.

Capítulo 4: Aprovechando la Economía Colaborativa

En este capítulo, exploraremos el poder transformador de la economía colaborativa y cómo puedes aprovechar sus diversas facetas para generar ingresos pasivos y descubrir nuevas oportunidades. La economía colaborativa ha revolucionado las industrias tradicionales al aprovechar la tecnología y empoderar a las personas para monetizar sus activos, habilidades y tiempo. Al abrazar los principios de compartir y colaborar, puedes sumergirte en este ecosistema dinámico y embarcarte en un viaje hacia la libertad financiera y la flexibilidad.

4.1 Aprovechando la Revolución de los Viajes Compartidos

El surgimiento de plataformas de viajes compartidos como Uber y Lyft ha perturbado la industria del transporte y creado oportunidades sin precedentes para que las personas generen ingresos pasivos. Al convertirte en conductor de viajes compartidos, puedes aprovechar tu vehículo para ganar dinero durante tu tiempo libre. Este concepto no solo brinda una fuente adicional de ingresos, sino que también te permite maximizar el valor de tu automóvil y reducir el costo total de propiedad. Con la libertad de establecer tu propio horario y el potencial de incentivos lucrativos, la revolución de los viajes compartidos puede ser un trampolín para alcanzar tus metas financieras.

Conceptos Clave:

- Plataformas de viajes compartidos como fuente de ingresos pasivos.

- Horarios flexibles e incentivos potenciales.

- Maximizar el valor de tu vehículo.

4.2 Alquilar Activos para Ingresos Pasivos

La economía colaborativa se extiende más allá del transporte, presentando oportunidades para monetizar otros activos como propiedades y vehículos. Al alquilar habitaciones o propiedades completas a través de plataformas como Airbnb, puedes aprovechar la creciente demanda de experiencias de alojamiento únicas y personalizadas. Este enfoque te permite aprovechar tu inversión en propiedades y generar un flujo constante de ingresos pasivos. De manera similar, plataformas como Turo te permiten alquilar vehículos infrautilizados, convirtiéndolos en activos generadores de ingresos. Alquilar activos no solo proporciona una corriente de ingresos pasivos, sino que también maximiza la utilización de tus recursos.

Conceptos Clave:

- Alquilar habitaciones o propiedades a través de Airbnb.

- Aprovechar las inversiones en propiedades para generar ingresos pasivos.

- Monetizar vehículos infrautilizados con plataformas como Turo.

4.3 Participar en la Economía de los Trabajos por Encargo

La economía de los trabajos por encargo ofrece una variedad de oportunidades flexibles basadas en tareas que permiten a las personas monetizar sus habilidades y experiencia. Al convertirte en freelancer o participar en trabajos basados en tareas temporales, puedes tomar el control de tu tiempo, elegir proyectos que se alineen con tus pasiones y construir una cartera diversa de clientes. Plataformas como Upwork, Fiverr y TaskRabbit conectan a los freelancers con empresas y personas que buscan servicios específicos. Ya sea que tengas habilidades de escritura, diseño, programación o consultoría, la economía de los trabajos por encargo te permite desbloquear tu potencial emprendedor y generar ingresos pasivos al aprovechar tu experiencia.

Conceptos Clave:

- Oportunidades de trabajo flexibles basadas en tareas en la economía de los trabajos por encargo.

- Monetizar habilidades y experiencia como freelancer.

- Plataformas que conectan a freelancers con clientes.

4.4 Construir un Negocio Exitoso de Alquiler en Airbnb

Si aspiras a llevar tus ingresos pasivos de los alquileres de propiedades al siguiente nivel, construir un exitoso negocio de alquiler en Airbnb puede ser una empresa lucrativa. Esta sección explora las estrategias y mejores prácticas para crear una experiencia excepcional para los huéspedes, optimizar las tasas de ocupación y maximizar los ingresos por alquiler. Desde el diseño de interiores y la gestión efectiva de anuncios hasta la comunicación con los huéspedes y la hospitalidad, obtendrás ideas sobre los factores clave que contribuyen al éxito en Airbnb. Al ofrecer experiencias excepcionales, obtener reseñas positivas y mejorar continuamente tus operaciones, puedes construir un negocio de alquiler en Airbnb sostenible y rentable.

Conceptos Clave:

- Estrategias para crear una experiencia excepcional para los huéspedes.

- Optimizar las tasas de ocupación e ingresos por alquiler.

- Mejores prácticas en la gestión de anuncios y comunicación con los huéspedes.

4.5 Explorar Oportunidades en el Mercado de Préstamos Entre Particulares

El mercado de préstamos entre particulares ofrece una alternativa de inversión para aquellos que buscan generar ingresos pasivos. Al participar en este sector en crecimiento, puedes actuar como prestamista, otorgando préstamos a particulares o pequeñas empresas a través de plataformas en línea. Este enfoque te permite diversificar tu cartera de inversiones y obtener intereses sobre los fondos que prestas. Si bien existen riesgos, una debida diligencia adecuada y la comprensión de las plataformas de préstamos pueden mitigar posibles obstáculos. Explorar las oportunidades en el mercado de préstamos entre particulares te permite contribuir al bienestar financiero de los prestatarios al mismo tiempo que generas ingresos pasivos para ti.

Conceptos Clave:

- Préstamos entre particulares como una alternativa de inversión.

- Diversificar la cartera de inversiones a través de préstamos.

- Realizar debida diligencia y gestionar riesgos.

Conclusión:

Aprovechar la economía colaborativa presenta una variedad de oportunidades para generar ingresos pasivos y abrazar el cambio en el panorama del trabajo y el emprendimiento. Al capitalizar la revolución de los viajes compartidos, alquilar activos, participar en la economía de los trabajos por encargo, construir un negocio exitoso de alquiler en Airbnb y explorar el mercado de préstamos entre particulares, puedes desbloquear nuevas fuentes de ingresos y lograr la libertad financiera. Abraza los principios de compartir, colaborar y aprovechar la tecnología para embarcarte en un viaje gratificante hacia un futuro más flexible y próspero.

Capítulo 5: Desatando la Creatividad Emprendedora

5.1 Identificar un Nicho Rentable o Vacío en el Mercado

En este capítulo, nos adentramos en el emocionante mundo de la creatividad emprendedora, donde las ideas innovadoras y el pensamiento estratégico se encuentran con la rentabilidad. Identificar un nicho rentable o vacío en el mercado es el primer paso para lanzar un emprendimiento empresarial exitoso. Exploraremos cómo aprovechar tu creatividad e identificar oportunidades únicas que tengan el potencial de interrumpir industrias y cautivar a los clientes.

Comenzamos guiándote a través de un proceso de investigación y análisis de mercado. Al estudiar las tendencias del mercado, el comportamiento del consumidor y las necesidades emergentes, obtendrás información valiosa sobre las demandas insatisfechas y los mercados sin explotar. Te animamos a pensar más allá de lo obvio y buscar vacíos que otros puedan haber pasado por alto.

A continuación, proporcionamos herramientas y técnicas prácticas para la generación y evaluación de ideas. Utilizando métodos de lluvia de ideas probados y ejercicios creativos, aprenderás cómo desbloquear tu imaginación y generar conceptos empresariales innovadores. Hacemos hincapié en la importancia de validar tus ideas a través de pruebas de mercado y comentarios de los clientes para garantizar su viabilidad y potencial rentabilidad.

Para ilustrar estos conceptos, compartimos historias de éxito reales de emprendedores que identificaron nichos sin explotar y los aprovecharon. Desde startups tecnológicas que están interrumpiendo industrias tradicionales hasta negocios de productos especializados que atienden a segmentos específicos de clientes, estos ejemplos inspiradores encenderán tu espíritu emprendedor y te animarán a pensar de manera innovadora.

Al final de este capítulo, tendrás las herramientas y la mentalidad necesarias para identificar un nicho rentable o vacío en el mercado. Armado con creatividad y conocimiento del mercado, estarás listo para emprender tu camino empresarial y generar un impacto significativo en tu industria elegida.

5.2 Lanzamiento de un Negocio de Manufactura a Pequeña Escala

En esta sección, exploraremos el emocionante mundo de la manufactura a pequeña escala y cómo puede ser un camino hacia el éxito empresarial. Nos sumergiremos en el proceso paso a paso de lanzar un negocio de manufactura desde cero, incluso con recursos limitados.

Comenzamos resaltando las ventajas y oportunidades de la manufactura a pequeña escala. Desde la capacidad de controlar la calidad y personalización hasta aprovechar el abastecimiento local y reducir costos operativos, enfatizamos los beneficios únicos que la manufactura a pequeña escala ofrece en el mercado actual.

A continuación, te guiaremos a través de los pasos cruciales para establecer tu negocio de fabricación. Cubriremos aspectos como la obtención de materias primas, la selección de métodos de producción adecuados, el diseño de flujos de trabajo eficientes y la implementación de medidas de control de calidad. Enfatizamos la importancia de una planificación meticulosa, las asociaciones estratégicas y la adopción de avances tecnológicos para optimizar la eficiencia y asegurar una ventaja competitiva.

Además, abordaremos los desafíos que podrías enfrentar en la industria manufacturera y proporcionaremos estrategias para superarlos. Ya sea gestionar los costos de producción, navegar los requisitos regulatorios o construir una fuerza laboral capacitada, ofreceremos consejos prácticos y conocimientos de emprendedores experimentados que han superado obstáculos similares con éxito.

Al finalizar esta sección, tendrás una comprensión integral de cómo lanzar un negocio de fabricación a pequeña escala. Equipado con el conocimiento y los consejos prácticos proporcionados, tendrás el poder de convertir tus sueños emprendedores en realidad y establecer una empresa de fabricación próspera.

5.3 Franquicias: Un Atajo hacia el Éxito Empresarial

Las franquicias son una vía que ofrece a los emprendedores en ciernes un atajo hacia el éxito empresarial. En esta sección, exploraremos el mundo de las franquicias y su inmenso potencial para aquellos que buscan un modelo de negocio probado y una ruta más rápida hacia la rentabilidad.

Comenzaremos examinando los beneficios de las franquicias, destacando cómo permiten a los emprendedores aprovechar el reconocimiento de marca establecido, los sistemas operativos y las estrategias de marketing. Aprenderás cómo las franquicias pueden reducir significativamente los riesgos asociados habitualmente con iniciar un nuevo negocio, así como acelerar la curva de aprendizaje al proporcionar una formación integral y un apoyo continuo.

Profundizaremos en el proceso paso a paso para convertirte en franquiciado. Desde investigar y seleccionar la oportunidad de franquicia adecuada hasta negociar contratos y asegurar financiamiento, proporcionaremos un mapa completo para guiarte a lo largo de todo el viaje de la franquicia. Enfatizaremos la importancia de la diligencia debida y la realización de investigaciones exhaustivas para garantizar la alineación con tus metas personales y financieras.

Además, abordaremos las responsabilidades y desafíos que conlleva ser dueño de una franquicia. Discutiremos la importancia de mantener los estándares de la marca, gestionar las expectativas de los clientes y fomentar relaciones sólidas con los franquiciadores y otros franquiciados. Compartiremos historias de éxito reales y lecciones aprendidas para brindar información valiosa sobre las realidades diarias de dirigir un negocio de franquicia.

Al finalizar esta sección, tendrás un profundo entendimiento del modelo de franquicia y los pasos necesarios para convertirte en un franquiciado exitoso. Armado con este conocimiento, tendrás el poder de tomar decisiones informadas, identificar oportunidades de franquicia lucrativas y embarcarte en un camino hacia la prosperidad empresarial.

5.4 Creación y Monetización de Propiedad Intelectual (por ejemplo, patentes, marcas comerciales)

En este segmento, exploraremos el fascinante mundo de la propiedad intelectual (PI) y su potencial para crear una riqueza sustancial. Nos adentraremos en el mundo de las patentes, marcas comerciales, derechos de autor y secretos comerciales, descubriendo el poder de la PI para impulsar el éxito empresarial y generar ingresos pasivos.

Comenzaremos proporcionando una visión general completa de los diferentes tipos de propiedad intelectual y sus respectivos beneficios y mecanismos de protección. Obtendrás una sólida comprensión de los marcos legales que rodean a la PI y aprenderás cómo proteger tus creaciones e ideas del uso no autorizado.

A continuación, nos adentraremos en el proceso de creación y monetización de la propiedad intelectual. Exploraremos estrategias efectivas para identificar ideas e innovaciones valiosas, realizar búsquedas de estado del arte y presentar solicitudes de patentes. También discutiremos la importancia del registro de marcas comerciales para proteger la identidad de tu marca y distinguir tus productos o servicios en el mercado.

Además, arrojaremos luz sobre las diversas vías para monetizar la propiedad intelectual. Desde licencias y franquicias hasta asociaciones estratégicas y regalías, proporcionaremos información sobre diferentes flujos de ingresos que pueden convertir tus creaciones intelectuales en activos rentables. Ofreceremos orientación sobre técnicas de negociación, redacción de contratos y gestión continua de los activos de PI.

Al finalizar esta sección, estarás equipado con el conocimiento y las herramientas necesarias para navegar por las complejidades de la creación y monetización de la propiedad intelectual. Ya sea que seas un inventor, artista o emprendedor creativo, descubrirás cómo proteger tus valiosas creaciones y aprovecharlas para construir un próspero imperio empresarial.

5.5 Escalar un Negocio Basado en Servicios para un Crecimiento Rápido

En este último segmento, exploraremos el arte de escalar un negocio basado en servicios para un crecimiento rápido. Revelaremos las estrategias y principios que los exitosos emprendedores de servicios han utilizado para expandir sus empresas y maximizar su impacto en el mercado.

Comenzaremos discutiendo la importancia de construir una base sólida para la escalabilidad. Desde el desarrollo de procesos y sistemas estandarizados hasta la contratación y capacitación de un equipo competente, enfatizaremos la importancia de establecer una infraestructura sólida que pueda respaldar un crecimiento rápido.

En la siguiente sección, nos adentraremos en estrategias efectivas de marketing y ventas para negocios basados en servicios. Exploraremos técnicas de marketing digital, programas de referidos, asociaciones estratégicas y otras iniciativas enfocadas en el crecimiento que pueden ayudarte a atraer nuevos clientes y expandir tu base de clientes. Destacaremos el papel de la satisfacción del cliente y el marketing de referencia en impulsar un crecimiento exponencial.

Además, abordamos los desafíos operativos que acompañan al rápido crecimiento y ofrecemos soluciones prácticas para superarlos. Desde manejar cargas de trabajo aumentadas y mantener la calidad del servicio hasta optimizar la productividad e implementar la automatización, brindamos ideas y mejores prácticas para manejar las complejidades de una empresa de servicios en crecimiento.

Con un poco de prueba y error utilizando el mapa proporcionado en este capítulo, tendrás el conocimiento y las estrategias necesarias para escalar tu negocio basado en servicios para un crecimiento rápido. Armado con los principios compartidos y estudios de casos reales, estarás capacitado para expandir tus operaciones, aumentar la rentabilidad y establecerte como líder en tu industria.

5.6 Impulsando el Crecimiento a través de Estrategias de Marketing y Ventas Dinámicas

En el mundo dinámico de los negocios basados en servicios, las estrategias efectivas de marketing y ventas desempeñan un papel fundamental para impulsar el crecimiento, atraer nuevos clientes y consolidar tu posición como líder en tu industria. En esta subsección, nos sumergiremos en el emocionante ámbito del marketing y las ventas para emprendedores de servicios, brindándote ideas motivadoras y tácticas detalladas para impulsar el éxito de tu negocio.

5.6.1 Desarrolla una Identidad de Marca Atractiva

Tu marca es la esencia de tu negocio basado en servicios. Invierte tiempo y energía en crear una identidad de marca convincente que conecte con tu público objetivo. Define tu propuesta de valor única, tu misión y la personalidad de tu marca. Crea una historia de marca cautivadora que evoque emociones y establezca una conexión sólida con los posibles clientes.

5.6.2 Crea una Presencia Online Sobresaliente

En la era digital actual, tener una sólida presencia online es imprescindible. Construye un sitio web visualmente atractivo y fácil de usar que muestre tus servicios, experiencia e historias de éxito de clientes. Optimiza tu sitio web para los motores de búsqueda para garantizar una máxima visibilidad. Aprovecha las plataformas de redes sociales para interactuar con tu audiencia, compartir contenido valioso y construir una comunidad de seguidores leales.

5.6.3 Aprovecha el Poder del Marketing de Contenidos

Posiciónate como un líder de pensamiento en tu industria al crear y compartir contenido informativo de alta calidad de manera constante. Publica entradas de blog perspicaces, crea videos atractivos y ofrece recursos descargables que aborden los problemas de tu público objetivo. Sé generoso con tu conocimiento y experiencia, estableciéndote como la autoridad de referencia en tu nicho.

5.6.4 Aprovecha el Arte de Contar Historias

Las historias tienen el poder de cautivar e inspirar. Comparte historias convincentes que muestren el impacto transformador de tus servicios en la vida de tus clientes. Crea estudios de casos y testimonios que resalten el valor único que aportas. Utiliza la narración de historias para crear una conexión emocional con tus prospectos, haciéndolos desear experimentar la transformación que ofreces.

5.6.5 Aprovecha el Marketing de Referencia

Las recomendaciones de boca en boca son una herramienta poderosa de marketing para los negocios basados en servicios. Deleita a tus clientes existentes superando sus expectativas y brindando un servicio excepcional. Anima a los clientes satisfechos a que te recomienden a su red implementando programas de referencia, ofreciendo incentivos o simplemente solicitando referencias. Los testimonios positivos y las recomendaciones personales pueden aumentar significativamente tu credibilidad y atraer nuevos clientes.

5.6.6 Cultiva Alianzas Estratégicas

Colabora con proveedores de servicios complementarios e influyentes de la industria para ampliar tu alcance y aprovechar nuevas bases de clientes. Busca socios potenciales que compartan tu público objetivo y tengan una ética similar. Colabora en campañas de marketing conjuntas, organiza webinars en conjunto o participa en eventos de la industria juntos. Las alianzas estratégicas pueden brindarte acceso a nuevos mercados y establecerte como una autoridad confiable dentro de tu industria.

5.6.7 Aprovecha la Publicidad Digital

Complementa tus esfuerzos de marketing orgánico con campañas de publicidad digital dirigidas. Utiliza plataformas como Google Ads, publicidad en redes sociales o sindicación de contenido para llegar a una audiencia más amplia y dirigir tráfico a tu sitio web. Establece metas claras para tus campañas publicitarias, refina tus parámetros de segmentación y realiza un seguimiento meticuloso de tus resultados para optimizar tu retorno de inversión.

5.6.8 Cultiva Conexiones Personales

En la industria de servicios, construir conexiones personales es clave. Asiste a conferencias de la industria, eventos de networking y ferias comerciales para establecer conexiones cara a cara con clientes potenciales e influyentes de la industria. Cultiva relaciones escuchando activamente, ofreciendo apoyo y brindando valor a los demás. Las conexiones genuinas pueden conducir a asociaciones a largo plazo y a un flujo constante de referencias.

5.6.9 Prioriza un Servicio al Cliente Excepcional

Ofrece una experiencia excepcional al cliente en cada punto de contacto. Responde rápidamente a las consultas, haz un esfuerzo adicional para superar las expectativas y personaliza tus interacciones. Los clientes satisfechos se convierten en defensores leales que no solo regresan para repetir negocios, sino que también recomiendan tus servicios a otros.

5.6.10 Monitorea y Optimiza Continuamente

Las estrategias de marketing y ventas evolucionan, y es crucial mantenerse ágil y adaptable. Monitorea regularmente tus esfuerzos de marketing, realiza un seguimiento de los indicadores clave de rendimiento y recopila comentarios de los clientes. Analiza los datos para identificar qué funciona y qué necesita mejorar. Experimenta con nuevas estrategias, descarta tácticas que no funcionan y adopta enfoques innovadores para mantenerte por delante de la competencia.

Recuerda que la combinación de pasión, autenticidad y esfuerzos estratégicos de marketing y ventas es la receta para el éxito en el mundo de los negocios basados en servicios. Aprovecha tu espíritu emprendedor, adopta estas estrategias dinámicas y observa cómo tu negocio prospera al conectarte con clientes, tener un impacto positivo y alcanzar tu visión de éxito.

Conclusión del Capítulo 5: nuestro libro se embarcó en un viaje enérgico y visionario hacia el mundo de la creatividad empresarial. Esta guía proporciona ideas detalladas y pasos accionables para identificar nichos rentables que se pueden aplicar al lanzamiento de negocios de fabricación a pequeña escala, aprovechar el sistema de franquicias, crear y monetizar propiedad intelectual y escalar empresas basadas en servicios.

Con un tono motivacional y enfoque en detalles prácticos, guiamos a los emprendedores aspirantes a desbloquear su potencial creativo y lograr un éxito extraordinario. Ya sea que estés buscando ideas de negocios innovadoras, atajos hacia el éxito o estrategias de crecimiento, este capítulo te proporciona el conocimiento y la mentalidad necesarios para hacer realidad tus sueños emprendedores.

Aprovecha el poder de la creatividad empresarial, aprovecha las oportunidades lucrativas y abre tu propio camino hacia un negocio próspero y satisfactorio. Las posibilidades son infinitas y el viaje te espera.

Capítulo 6: Navegando en el Mundo de las Fuentes de Ingresos Pasivos

6.1 Construyendo una Cartera de Dividendos para la Creación de Riqueza a Largo Plazo

En este capítulo, emprendemos un viaje hacia la creación de riqueza a largo plazo a través del poder de la inversión en dividendos. Imagina recibir pagos regulares en efectivo de tus inversiones mientras tu riqueza crece constantemente. Construir una cartera de dividendos es una estrategia comprobada para lograr precisamente eso.

Al seleccionar cuidadosamente acciones que pagan dividendos de empresas estables y reconocidas, puedes crear un flujo de ingresos pasivos que continúa fluyendo incluso mientras duermes. Las empresas que distribuyen dividendos consistentemente demuestran su compromiso de compartir las ganancias con los accionistas.

Exploraremos el arte de identificar acciones de dividendos de alta calidad que ofrecen un equilibrio entre rendimiento y sostenibilidad. Mediante un análisis e investigación detallados, descubriremos los factores clave a considerar al seleccionar acciones de dividendos, como la salud financiera de la empresa, el historial de dividendos y el potencial de crecimiento.

6.2 Generando Ingresos por Alquiler a través de Propiedades Inmobiliarias

Desbloquea el potencial de bienes raíces como una fuente de ingresos pasivos en este capítulo. Descubre el lucrativo mundo de las propiedades de alquiler, donde tu dinero trabaja para ti mientras los inquilinos pagan tu hipoteca y proporcionan un flujo constante de ingresos.

Profundizaremos en los fundamentos de la inversión en bienes raíces, incluida la selección de propiedades, opciones de financiamiento y estrategias de gestión de propiedades. Desde casas unifamiliares hasta complejos de apartamentos, aprenderás cómo identificar propiedades con una fuerte demanda de alquiler, negociar acuerdos favorables y maximizar tus ingresos por alquiler.

6.3 Diseño y Venta de Productos Digitales (e-books, Cursos)

Bienvenido a la era digital, donde la creación y venta de productos digitales abren infinitas posibilidades de ingresos pasivos. En este capítulo, exploramos el mundo del emprendimiento digital, capacitándote para compartir tu conocimiento y experiencia con el mundo mientras generas ingresos de forma automática.

Te guiaremos a través del proceso de creación de cautivadores eBooks, cursos en línea transformadores y otros productos digitales que satisfacen las necesidades de tu audiencia. Desde la concepción hasta la creación de contenido, estrategias de marketing y embudos de ventas, aprenderás cómo desarrollar un imperio de productos digitales que genera ingresos pasivos incluso mientras duermes.

6.4 Maximizando Rendimientos de Plataformas de Préstamos entre Pares

Prepárate para revolucionar tu comprensión de los préstamos y la financiación en este capítulo. Las plataformas de préstamos entre pares ofrecen una notable oportunidad para ganar ingresos pasivos prestando dinero directamente a personas o empresas.

Navegaremos por el mundo de los préstamos entre pares, explorando las plataformas, evaluando los factores de riesgo e identificando estrategias para maximizar tus rendimientos. Aprenderás cómo evaluar perfiles de prestatarios, diversificar tu cartera de préstamos y mitigar riesgos potenciales mientras disfrutas de los beneficios de pagos de intereses consistentes.

6.5 Explorando Oportunidades de Regalías en Industrias Creativas

Desata tu potencial creativo y explora el mundo de las regalías en este cautivador capítulo. Si posees talentos artísticos o tienes una pasión por las actividades creativas, existen oportunidades para monetizar tu trabajo y generar ingresos pasivos a través de regalías.

Desde escribir libros y componer música hasta crear obras de arte y diseñar productos innovadores, descubriremos las vías disponibles para que artistas, autores e inventores generen regalías continuas. Aprenderás cómo proteger tu propiedad intelectual, negociar acuerdos favorables de regalías y aprovechar diversos canales de distribución.

Siguiendo las pautas presentadas en este capítulo, desbloquearás los secretos para navegar por el mundo de las fuentes de ingresos pasivos.

Ya sea a través de la inversión en dividendos, propiedades inmobiliarias, productos digitales, préstamos entre pares u oportunidades de regalías, descubrirás los caminos hacia la libertad financiera y una vida abundante. Aprovecha las oportunidades que se presentan y emprende tu viaje hacia la creación de riqueza pasiva.

Capítulo 7: Estrategias para la Optimización Financiera

7.1 Implementación de Técnicas Efectivas de Presupuesto y Gestión del Dinero

En este capítulo, nos sumergimos en el mundo de las técnicas efectivas de presupuesto y gestión del dinero que pueden transformar tu situación financiera. Exploramos estrategias prácticas para ayudarte a tomar el control de tus finanzas y alcanzar tus metas.

Imagina una vida en la que ya no te preocupas por llegar a fin de mes, donde comprendes claramente tus ingresos y gastos, y donde asignas tus recursos de manera confiada para que estén alineados con tus prioridades. Ese es el poder del presupuesto efectivo y la gestión del dinero.

Comenzamos delineando métodos paso a paso para crear un presupuesto que funcione para ti. Proporcionamos ejemplos de plantillas y herramientas de presupuesto en la vida real que puedes adaptar fácilmente a tus propias necesidades. Al rastrear tus ingresos y gastos meticulosamente, obtendrás una profunda comprensión de tus hábitos de gasto e identificarás áreas donde puedes realizar ajustes para ahorrar más y gastar de manera inteligente.

7.2 Minimizar la Deuda y Maximizar el Ahorro

La deuda puede ser una carga pesada que limita tu libertad financiera y te impide alcanzar tus sueños. En esta sección, descubrimos estrategias poderosas para minimizar la deuda y maximizar tus ahorros, impulsándote hacia un futuro de seguridad financiera y abundancia.

Profundizamos en técnicas probadas para pagar la deuda de manera eficiente, como el método de la bola de nieve o el método de la avalancha, proporcionando ejemplos claros y estudios de casos. Aprenderás cómo priorizar tus deudas, negociar con los acreedores y desarrollar un plan de pago que se ajuste a tus circunstancias particulares.

Además, exploramos diversos métodos para construir tus ahorros de manera efectiva. Desde establecer transferencias automáticas hasta implementar la regla del 50/30/20, ofrecemos consejos prácticos que te ayudarán a crear un fondo de emergencia, ahorrar para metas futuras y establecer una base financiera sólida. En la próxima subsección se explica la regla del 50/30/20.

7.2.1 La Regla del 50/30/20

La regla del 50/20/30 es una sencilla guía de presupuesto que ayuda a las personas a asignar sus ingresos de manera efectiva para lograr un equilibrio financiero. Sugiere dividir tus ingresos después de impuestos en tres categorías principales: necesidades, ahorros y deseos. Así es como se desglosa la regla:

1. 50% para Necesidades:
Destina el 50% de tus ingresos después de impuestos para cubrir necesidades y obligaciones esenciales. Esta categoría incluye gastos como:

   - Pagos de alquiler o hipoteca

   - Servicios públicos (electricidad, agua, gas)

   - Comestibles y alimentos esenciales

   - Primas de seguros de salud

   - Costos de transporte (pagos de automóviles, transporte público, combustible)

   - Pagos mínimos de deudas (tarjetas de crédito, préstamos)

Al dedicar el 50% de tus ingresos a cubrir estos gastos necesarios, aseguras que tus necesidades básicas estén satisfechas y mantienes la estabilidad financiera.

2. 20% para Ahorros:

Destina el 20% de tus ingresos para ahorros y metas financieras. Esta categoría incluye:

  - Contribuciones al fondo de emergencia

  - Ahorros para el retiro (401(k), IRA, planes de pensiones)

  - Inversiones

  - Pago de deudas (por encima del pago mínimo requerido)

  - Ahorro para gastos futuros (pago inicial de una casa, fondos educativos)

Al priorizar el ahorro, estableces una base financiera sólida y trabajas hacia la seguridad financiera y las metas a largo plazo.

3. 30% para Deseos:

Destina el 30% de tus ingresos para gastos discrecionales y deseos. Esta categoría incluye gastos no esenciales como:

- Salir a cenar y entretenimiento

- Viajes y vacaciones

- Compras y pasatiempos

- Servicios de suscripción (streaming, membresías de gimnasio)

- Cuidado personal y artículos de lujo

La categoría del 30% te permite disfrutar de tus ingresos y darte algunos gustos sin comprometer tu estabilidad financiera.

Es importante tener en cuenta que la regla del 50/20/30 es una guía y se puede ajustar según las circunstancias y prioridades individuales. Por ejemplo, si tienes una deuda significativa, puedes optar por asignar más fondos al pago de la deuda, reduciendo temporalmente el porcentaje destinado a los deseos. Lo importante es encontrar un equilibrio que se alinee con tus metas financieras y te ayude a tomar decisiones intencionadas sobre tu dinero.

Siguiendo la regla del 50/20/30, puedes desarrollar hábitos financieros saludables, gestionar eficazmente tus ingresos y trabajar hacia un futuro financiero seguro.

7.3 Planificación Fiscal y Estrategias para la Preservación de la Riqueza

Los impuestos pueden tener un impacto significativo en tu bienestar financiero, pero con el conocimiento y las estrategias adecuadas, puedes optimizar tu situación fiscal y preservar tu riqueza ganada con esfuerzo. En esta sección, te brindamos una comprensión integral de la planificación fiscal y ofrecemos consejos prácticos para minimizar tu responsabilidad fiscal al mismo tiempo que cumples con las leyes fiscales.

Ilustramos cómo varias deducciones y créditos fiscales pueden beneficiarte y te guiamos a través del proceso de inversión fiscalmente eficiente. Obtendrás conocimientos sobre cuentas ventajosas desde el punto de vista fiscal, como las IRAs y los 401(k), y aprenderás a aprovecharlos para hacer crecer tu riqueza al tiempo que reduces tu carga fiscal.

Con nuestro enfoque visionario, te empoderamos para que tomes el control de tus impuestos y planifiques de manera proactiva un futuro financiero próspero.

7.4 Aprovechando la Tecnología para la Eficiencia Financiera

En esta era digital, la tecnología ofrece un enorme potencial para agilizar la gestión financiera y mejorar la eficiencia en tus finanzas. Exploramos herramientas, aplicaciones y plataformas de vanguardia que pueden revolucionar la forma en que manejas tus finanzas, ahorrándote tiempo, esfuerzo y dinero.

Profundizamos en el mundo de las aplicaciones de finanzas personales que te ayudan a realizar un seguimiento de tus gastos, establecer metas financieras y automatizar tu proceso de presupuesto. Te presentamos software avanzado de presupuesto que ofrece análisis perspicaces y herramientas de visualización para monitorear eficazmente tu progreso financiero.

Además, discutimos las ventajas de la banca en línea, los sistemas de pago electrónico y las billeteras digitales, mostrando su conveniencia y características de seguridad. Al adoptar estos avances tecnológicos, puedes optimizar tus prácticas de gestión financiera y mantenerte al día en el mundo acelerado de hoy.

7.5 Buscar Asesoramiento Profesional para la Gestión de la Riqueza

Si bien es crucial empoderarte con conocimiento, buscar asesoramiento profesional es igualmente importante para una gestión integral de la riqueza. En esta sección, enfatizamos el valor de colaborar con expertos financieros que pueden brindarte orientación personalizada adaptada a tus metas financieras específicas.

Explicamos cómo elegir al asesor financiero o gestor de patrimonio adecuado que se alinee con tus valores y comprenda tus aspiraciones. Resaltamos los beneficios de trabajar con profesionales que tienen un historial comprobado en gestión de inversiones, planificación de jubilación y evaluación de riesgos.

Al desarrollar una relación sólida con un asesor financiero de confianza, podrás acceder a conocimientos valiosos, obtener oportunidades de inversión exclusivas y recibir apoyo continuo para optimizar tu estrategia financiera. Esta sección te brindará el conocimiento y la confianza necesarios para embarcarte en una asociación exitosa con un profesional experto que pueda ayudarte a navegar por la complejidad de la gestión de la riqueza.

En el Capítulo 7, te proporcionamos un conjunto completo de estrategias para la optimización financiera. Al implementar técnicas efectivas de presupuesto, minimizar la deuda, aprovechar las estrategias de planificación fiscal, adoptar la tecnología y buscar asesoramiento profesional, estarás en camino hacia la prosperidad financiera, la creación de un futuro seguro y la realización de tus sueños. Es hora de tomar el control de tus finanzas y embarcarte en un viaje hacia un futuro financiero más brillante.

Capítulo 8: Expandiendo y Manteniendo tu Imperio Millonario

8.1 Estrategias para Escalar un Negocio Exitoso

En este capítulo, nos embarcamos en un emocionante viaje para expandir tu negocio hacia nuevas alturas. El proceso de escalamiento requiere una planificación cuidadosa, estrategias innovadoras y una mentalidad visionaria. Exploraremos técnicas comprobadas que emprendedores exitosos han utilizado para ampliar sus imperios y lograr un crecimiento extraordinario.

Imagina llevar tu negocio desde ser una historia de éxito local hasta convertirlo en un fenómeno global. Todo comienza estableciendo metas ambiciosas pero alcanzables. Al definir objetivos claros y trazar un plan, podrás trazar un curso hacia un crecimiento exponencial. Nos adentraremos en el arte de la planificación estratégica, identificando mercados sin explotar y aprovechando tecnologías de vanguardia para obtener una ventaja competitiva.

Ejemplo: Tomemos el caso de "LuxeLife", una marca de moda de lujo que comenzó como una boutique en una pequeña ciudad. A través de alianzas estratégicas, campañas de marketing agresivas y un compromiso inquebrantable con la calidad, LuxeLife expandió su alcance a importantes ciudades de todo el mundo. Al analizar constantemente las tendencias del consumidor y adaptarse a las demandas del mercado, construyeron una marca reconocible que resonó con una clientela adinerada en todo el mundo.

8.2 Construyendo un Equipo Fuerte y Delegando Responsabilidades

Ningún imperio puede construirse solo. En esta sección, exploraremos la importancia de reunir a un equipo de alto rendimiento y delegar responsabilidades de manera efectiva. Rodearte de personas talentosas que compartan tu visión y complementen tus habilidades es fundamental para mantener un crecimiento sostenible.

Profundizaremos en el arte de la adquisición de talento, el cultivo de una cultura empresarial positiva y la promoción de la innovación dentro de tu equipo. Al empoderar a tus empleados, fomentar su desarrollo profesional y brindarles los recursos que necesitan, podrás crear una fuerza laboral apasionada, dedicada y alineada con los objetivos de tu negocio.

Ejemplo: "TechSolutions" comenzó como un startup tecnológico fundada por un emprendedor visionario. Al seleccionar cuidadosamente personas con experiencia diversa y fomentar un entorno de trabajo colaborativo, TechSolutions desarrolló productos innovadores y atrajo a clientes de primer nivel. El éxito de la empresa se atribuye a la habilidad del fundador para identificar y cultivar talento excepcional, lo que resultó en un equipo que consistentemente entregaba soluciones de vanguardia.

8.3 Diversificar Inversiones para una Estabilidad a Largo Plazo

Para construir un imperio millonario, no solo debes enfocarte en tu negocio principal, sino también explorar oportunidades de diversificación. En esta sección, exploraremos la importancia de diversificar inversiones para garantizar una estabilidad a largo plazo y un crecimiento sostenible.

Discutiremos diferentes vehículos de inversión, como bienes raíces, acciones, bonos e inversiones alternativas, que pueden ayudarte a hacer crecer y proteger tu riqueza. Al distribuir tus inversiones en diferentes clases de activos e industrias, podrás mitigar riesgos y crear una cartera financiera resistente.

Ejemplo: "Global Ventures" es un conglomerado que comenzó como una empresa tecnológica, pero se expandió hacia diversos sectores como bienes raíces, energía y hospitalidad. Al diversificar inteligentemente sus inversiones, pudieron resistir las recesiones económicas, capitalizar en mercados emergentes y lograr un crecimiento financiero constante.

8.4 Adaptarse a las Tendencias del Mercado y Aprovechar Oportunidades

Para mantener el impulso de tu imperio, es crucial mantenerse a la vanguardia de las tendencias del mercado y aprovechar las oportunidades a medida que surjan. En esta sección, exploraremos la importancia de la adaptabilidad, la agilidad y mantenernos informados sobre el panorama empresarial en constante evolución.

Profundizaremos en técnicas de investigación de mercado, análisis competitivo y el arte de identificar nichos sin explotar. Al abrazar la innovación, adoptar la tecnología y anticipar las necesidades de los clientes, podrás posicionar tu negocio como líder del mercado y aprovechar las tendencias emergentes.

Ejemplo: "EcoSolutions" comenzó como una pequeña empresa de productos ecológicos, pero rápidamente reconoció la creciente demanda de soluciones sostenibles. Al adaptar su línea de productos para satisfacer las necesidades del mercado, se convirtieron en pioneros en el sector de tecnología verde, logrando un crecimiento exponencial y reconocimiento en la industria.

8.5 Mantener una Mentalidad de Abundancia y Contribuir a la Sociedad

El verdadero éxito no se mide únicamente por los logros financieros, sino también por el impacto que generas en la sociedad. En esta sección final, exploraremos la importancia de mantener una mentalidad de abundancia y contribuir a la comunidad que respalda tu imperio.

Profundizaremos en el poder del pensamiento positivo, la gratitud y la filantropía. Al adoptar una mentalidad de abundancia y abrazar la responsabilidad social, podrás crear un legado duradero e inspirar a otros a perseguir sus sueños.

Ejemplo: "EmpowerEd" es una empresa multimillonaria en el sector de la educación que cree en retribuir. A través de becas, programas de mentoría e iniciativas educativas en comunidades desfavorecidas, han marcado una diferencia profunda en la vida de innumerables estudiantes, empoderándolos para alcanzar sus metas académicas y profesionales.

Conclusión:

Expandir y mantener un imperio millonario requiere una planificación estratégica, un equipo sólido, inversiones diversificadas, adaptabilidad y una mentalidad de abundancia. Al implementar las estrategias descritas en este capítulo, podrás alcanzar nuevos niveles de éxito, lograr un crecimiento exponencial y dejar un impacto duradero en el mundo. Ha llegado el momento de tomar las riendas de tu imperio y embarcarte en un viaje de posibilidades ilimitadas.

Capítulo 9: Conclusión

9.1 Establecer Expectativas Realistas

En este capítulo de conclusión, profundizamos en la importancia de establecer expectativas realistas en tu camino hacia el éxito. Si bien es esencial soñar en grande y apuntar alto, también es vital fundamentar esas aspiraciones en la realidad. Al establecer expectativas realistas, creas una base sólida para tu viaje hacia el logro de tus metas.

Para establecer expectativas realistas, adopta un enfoque holístico. Evalúa tus circunstancias actuales, recursos y habilidades. Considera tus fortalezas y debilidades e identifica las áreas en las que necesitas crecer y desarrollarte. Al comprender tu punto de partida, puedes trazar un curso que se alinee con tus capacidades y te impulse hacia el progreso.

9.2 Abrazar una Mentalidad de Crecimiento

Una mentalidad de crecimiento es una herramienta transformadora que te capacita para abrazar los desafíos, aprender de los contratiempos y mejorar continuamente. En esta sección, exploramos el poder de adoptar una mentalidad de crecimiento y su papel en tu camino hacia el éxito.

Con una mentalidad de crecimiento, ves los obstáculos como oportunidades de crecimiento en lugar de barreras. Comprendes que los fracasos son escalones hacia el éxito y que cada contratiempo trae lecciones valiosas. Al cultivar una mentalidad de crecimiento, desbloqueas tu potencial, liberando tu creatividad y desarrollando resiliencia, lo que te permite superar cualquier obstáculo que se presente en tu camino.

9.3 Aprovechar el Interés Compuesto y las Inversiones

El poder del interés compuesto y las inversiones no se puede subestimar. En esta sección, nos sumergimos en el potencial de aprovechar los intereses compuestos para acelerar el crecimiento de tu riqueza.

El interés compuesto es como una bola de nieve que rueda cuesta abajo, ganando impulso y tamaño con el tiempo. Al invertir de manera inteligente y reinvertir tus ganancias, pones en marcha un ciclo de crecimiento exponencial. A medida que tus inversiones se van acumulando, tu riqueza se multiplica, creando un flujo de ingresos pasivos que trabaja incansablemente para ti.

9.4 Explorar Oportunidades de Alto Riesgo y Alta Recompensa

Si bien conllevan riesgos, las oportunidades de alto riesgo y alta recompensa pueden ser un factor determinante en tu camino hacia el éxito. En esta sección, exploramos el emocionante ámbito de asumir riesgos calculados para lograr resultados extraordinarios.

Las empresas de alto riesgo y alta recompensa requieren una investigación cuidadosa, análisis y gestión del riesgo. Al identificar oportunidades con retornos potenciales significativos, te desafías a salir de tu zona de confort y abrazar la incertidumbre. Estas empresas pueden generar recompensas notables, impulsándote hacia tus metas más rápido de lo que jamás imaginaste.

9.5 Aprovechar el Poder del Emprendimiento

El emprendimiento tiene un potencial ilimitado para aquellos que buscan forjar su propio camino hacia el éxito. En esta sección, nos embarcamos en una exploración visionaria del poder transformador del emprendimiento.

Al abrazar el emprendimiento, te conviertes en el capitán de tu propio barco, navegando aguas inexploradas hacia posibilidades ilimitadas. El emprendimiento te permite perseguir tus pasiones, crear soluciones innovadoras y dar forma a tu propio destino. A través de emprendimientos empresariales, tienes la oportunidad de dejar un impacto duradero en el mundo mientras construyes riqueza y satisfacción personal.

9.6 Aprovechar las Tendencias del Mercado y el Momento Oportuno

El momento lo es todo, y estar coordinado con las tendencias del mercado puede brindarte una ventaja significativa. En esta sección, descubrimos el arte de identificar y aprovechar las tendencias del mercado para maximizar tu éxito.

Al mantenerte informado, realizar investigación de mercado y monitorear la dinámica de la industria, te posicionas para aprovechar las oportunidades a medida que surgen. Comprender las tendencias emergentes te permite adaptarte, innovar y posicionarte por delante de la curva, obteniendo una ventaja competitiva en tu campo elegido.

9.7 Construir una Red de Apoyo Fuerte

El éxito rara vez se logra en aislamiento. En esta sección, enfatizamos la importancia de cultivar una red de apoyo sólida para impulsarte en tu camino.

Rodearte de personas con ideas afines que compartan tu visión y valores. Cultiva relaciones con mentores, asesores y compañeros que puedan brindarte orientación, apoyo e inspiración. Una red de apoyo sólida brinda aliento en momentos difíciles, celebra tus victorias y proporciona información valiosa y conexiones.

9.8 Celebrar Hitos y Mantener la Motivación

A lo largo de tu viaje, es crucial celebrar hitos y mantener una motivación inquebrantable. En esta última sección, enfatizamos la importancia de reconocer tus logros y mantener tu impulso.

Celebra tanto los pequeños como los grandes hitos en el camino. Reconoce tu progreso y tómate el tiempo para apreciar lo lejos que has llegado. Al celebrar tus éxitos, refuerzas tu motivación e inspiras a seguir esforzándote por alcanzar alturas aún mayores.

Conclusión:

Al concluir este viaje transformador, recuerda establecer expectativas realistas, abrazar una mentalidad de crecimiento, aprovechar el interés compuesto y las inversiones, explorar oportunidades de alto riesgo y alta recompensa, aprovechar el poder del emprendimiento, aprovechar las tendencias del mercado y el momento oportuno, construir una red de apoyo fuerte y celebrar hitos. Con una determinación inquebrantable, resiliencia y una visión clara, tienes el poder de dar forma a tu destino y alcanzar un éxito extraordinario. Asume el futuro que te espera con energía, motivación y una creencia inquebrantable en tu potencial ilimitado.

Capítulo 10 (Capítulo Extra): Un Ejemplo Paso a Paso de cómo alcanzar la Meta del Millón de Dólares

10.1 Un Ejemplo Real de Cómo Lograr la Meta

Sumerjámonos en la inspiradora historia de Sarah, una persona que se atrevió a soñar en grande y emprendió un viaje extraordinario para transformar $100 en un asombroso $1,000,000 en tan solo un año. A medida que sigamos los pasos de Sarah, serás testigo del poder de la determinación, la planificación estratégica y la toma de riesgos calculados.

10.2 Identificación de Oportunidades de Inversión con Alto Potencial

La búsqueda de Sarah comenzó con una meticulosa investigación y solo cien dólares, mientras escudriñaba el panorama de inversiones en busca de oportunidades con alto potencial. Reconoció que, para lograr su ambiciosa meta, necesitaba identificar industrias y sectores emergentes con perspectivas de crecimiento significativas. Sarah se sintió atraída por el sector de energías renovables, cautivada por su potencial de cambio transformador y rendimientos sostenibles. También reconoció el increíble potencial de crecimiento de los startups tecnológicos y la fuerza disruptiva de las criptomonedas.

Sin dejarse desalentar por los riesgos inherentes, Sarah se sumergió en un extenso análisis y una diligencia debida exhaustiva. Evaluó empresas, tecnologías y tendencias del mercado, buscando los vehículos de inversión más prometedores dentro de estos sectores. A través de su investigación dedicada, descubrió joyas ocultas e identificó oportunidades que se alineaban perfectamente con su tolerancia al riesgo y objetivos financieros.

10.3 Creación de un Plan de Inversión Estratégica Integral

Armada con su nuevo conocimiento, Sarah se embarcó en la creación de un plan de inversión estratégica integral. Comprendió que el éxito requeriría un enfoque meticuloso, teniendo en cuenta cada detalle y contingencia. Con pasión y determinación, Sarah trazó un plan detallado que serviría como su guía a lo largo del año.

En su plan, Sarah delineó hitos y plazos específicos, proporcionando un camino claro para alcanzar su objetivo final. Consideró cuidadosamente la asignación de capital, diversificando estratégicamente sus inversiones en múltiples oportunidades. Reconociendo la importancia de gestionar el riesgo, desarrolló estrategias de salida para cada inversión, asegurando que pudiera aprovechar las ganancias o mitigar las pérdidas en el camino.

El plan de Sarah no era solo un conjunto rígido de pautas. Era un marco flexible que le permitía adaptarse a las cambiantes condiciones del mercado, aprovechar oportunidades imprevistas y tomar decisiones informadas. Este enfoque dinámico aseguraba que se mantuviera ágil y receptiva en un panorama de inversiones en constante evolución.

Al desarrollar este plan de inversión estratégica, Sarah se preparó para el éxito. Le proporcionó un sentido de dirección, propósito y confianza. Cada decisión que tomó se basó en su plan, brindándole la claridad y convicción necesarias para navegar el desafiante y volátil terreno de las inversiones.

El ejemplo de la vida real de Sarah demuestra las increíbles posibilidades que existen en el ámbito de la inversión y el crecimiento financiero. A través de su determinación inquebrantable, investigación meticulosa y planificación estratégica, transformó una modesta suma de $100 en un asombroso $1,000,000 en un solo año. Su viaje es un testimonio del poder de establecer metas audaces, buscar conocimiento y asumir riesgos calculados.

Ejemplo del Plan Estratégico de Inversión de Sarah:

Nos adentraremos en el viaje de Sarah mientras creaba un plan estratégico de inversión integral para identificar oportunidades de negocios emergentes en el mercado. Con su objetivo audaz de convertir $100 en un asombroso $1 millón en un solo año, Sarah comprendió la importancia de una planificación meticulosa, asumir riesgos calculados y una mentalidad visionaria. Acompáñanos mientras exploramos los pasos clave que ella tomó para desarrollar su plan y deja que su ejemplo te inspire a crear tu propio camino hacia el éxito financiero.

1. Aclarar tus Objetivos de Inversión:

Para comenzar, Sarah se tomó el tiempo para aclarar sus objetivos de inversión. Se hizo preguntas esenciales, como:

- ¿Cuál es mi meta financiera deseada?

- ¿Con qué nivel de riesgo me siento cómodo?

- ¿Cuánto tiempo y esfuerzo estoy dispuesto a dedicar para alcanzar mi meta?

Al comprender claramente sus objetivos, Sarah sentó las bases para su plan estratégico de inversión.

2. Investigación e Identificación de Oportunidades de Negocios Emergentes en el Mercado:

Sarah era consciente de que identificar oportunidades de negocios emergentes en el mercado sería clave para alcanzar su ambicioso objetivo financiero. Se sumergió en una extensa investigación, estudiando tendencias del mercado, informes industriales y análisis de expertos. Siguió de cerca los sectores emergentes, como energías renovables, tecnología financiera, biotecnología e inteligencia artificial, buscando empresas con potencial disruptivo.

Dentro de estos sectores, Sarah identificó negocios específicos que demostraban sólidas perspectivas de crecimiento, equipos de gestión fuertes y productos o servicios innovadores. Realizó una diligencia debida exhaustiva, analizando estados financieros, evaluando ventajas competitivas y evaluando la demanda del mercado. A través de este minucioso proceso, descubrió oportunidades de inversión con alto potencial que se alineaban con su tolerancia al riesgo y objetivos financieros.

3. Diversificar tu Cartera de Inversiones:

Reconociendo la importancia de la diversificación, Sarah estructuró su plan estratégico de inversión para incluir una cartera bien equilibrada. Asignó su capital en varias oportunidades emergentes en el mercado para distribuir el riesgo y aprovechar el potencial de crecimiento. Al invertir en diferentes industrias, minimizó el impacto del rendimiento de una sola inversión en su cartera general.

Sarah consideró cuidadosamente los porcentajes de asignación óptimos para cada inversión, teniendo en cuenta los posibles rendimientos, los riesgos asociados y su propia tolerancia al riesgo. Buscó un equilibrio entre oportunidades de mayor riesgo y recompensa, e inversiones más estables para asegurar una cartera resistente.

4. Desarrollar Estrategias de Entrada y Salida:

Sarah entendía que las inversiones exitosas requieren tanto estrategias de entrada como de salida. Desarrolló pautas claras para entrar en oportunidades de inversión y criterios para saber cuándo salir.

Para la entrada, Sarah estableció indicadores específicos que señalaban un momento oportuno para invertir, como una cierta valoración, hitos del mercado o desarrollos positivos en la industria. Estos indicadores aseguraron que ella ingresara a las inversiones a precios favorables y con confianza en su potencial de crecimiento.

Igualmente, importantes fueron sus estrategias de salida. Sarah estableció criterios predefinidos para vender sus inversiones, incluyendo niveles de ganancias objetivo, riesgos potenciales que alcanzan un cierto umbral o cambios en la dinámica del mercado. Estas estrategias le permitieron asegurar ganancias y proteger su capital de posibles caídas significativas.

5. Monitorear y Ajustar Continuamente:

Sarah reconoció que el panorama de las inversiones está en constante evolución y abrazó la necesidad de monitoreo y ajuste continuo. Siguió de cerca el rendimiento de sus inversiones, manteniéndose actualizada sobre las tendencias del mercado, noticias y desarrollos industriales. Este enfoque proactivo le permitió tomar decisiones informadas y ajustar su plan de inversión en consecuencia.

Al mantenerse conectada al mercado, Sarah pudo identificar nuevas oportunidades emergentes y actuar rápidamente cuando fue necesario. Permaneció ágil, adaptando su estrategia de inversión en función de la información en tiempo real y las cambiantes condiciones del mercado.

Conclusión:

El notable viaje de Sarah de $100 a $1,000,000 en un año sirve como un inspirador ejemplo de vida real de lo que se puede lograr con determinación, planificación estratégica, gestión de riesgos, diversificación, aprendizaje continuo y adaptabilidad. Siguiendo sus pasos y aplicando los principios discutidos en este capítulo, los lectores pueden embarcarse en sus propios viajes transformadores hacia el éxito financiero. Recuerda, es la combinación de pensamiento visionario, ejecución meticulosa y motivación inquebrantable lo que puede convertir metas imposibles en realidades extraordinarias.

Mientras te embarcas en tu propio viaje de inversión, deja que el ejemplo de Sarah te inspire a desarrollar tu plan estratégico con claridad, determinación y una mentalidad visionaria. Recuerda investigar diligentemente, buscar la diversificación y mantener la capacidad de adaptación. Con un plan bien elaborado y un compromiso inquebrantable, tú también puedes aprovechar las oportunidades emergentes en el mercado y lograr un crecimiento financiero notable.

10.4 Aprovechando el Interés Compuesto y los Rendimientos de las Inversiones

Sarah entendió el poder del interés compuesto y el papel significativo que desempeña en la acumulación de riqueza. Estratégicamente, reinvertía cualquier rendimiento generado por sus inversiones iniciales, permitiendo que su capital creciera de manera exponencial con el tiempo. Al aprovechar el efecto del interés compuesto, Sarah maximizó el potencial de rendimiento de sus inversiones.

10.5 Implementando Estrategias de Gestión de Riesgos

Reconociendo los riesgos inherentes asociados a la inversión, Sarah implementó sólidas estrategias de gestión de riesgos. Diversificó su cartera en diferentes clases de activos y vehículos de inversión para mitigar posibles pérdidas. Además, estableció límites de pérdida claros y realizó una exhaustiva debida diligencia antes de comprometer su capital en cualquier oportunidad de inversión.

10.6 Aprovechando el Poder de la Diversificación

Sarah entendió la importancia de la diversificación en la gestión del riesgo y la maximización de los rendimientos. Distribuyó cuidadosamente su capital en una variedad de inversiones, incluyendo acciones, bonos, bienes raíces y activos alternativos. Esta estrategia de diversificación ayudó a Sarah a minimizar el impacto de cualquier inversión que no rindiera según lo esperado, al mismo tiempo que capitalizaba las oportunidades de alto crecimiento.

10.7 Maximizando las Ganancias con un Monitoreo Activo y Ajustes

Sarah monitoreó activamente sus inversiones, manteniéndose informada sobre las tendencias y los acontecimientos del mercado. Revisaba regularmente el desempeño de su cartera y realizaba los ajustes necesarios en función de las condiciones cambiantes del mercado. Manteniendo una postura proactiva, Sarah aprovechó las oportunidades emergentes y protegió su cartera de posibles caídas.

10.8 Utilizando la Tecnología y las Herramientas para el Análisis de Inversiones

Para tomar decisiones de inversión informadas, Sarah aprovechó la tecnología de vanguardia y las herramientas analíticas. Utilizó plataformas de inversión sólidas, software de análisis de mercado y herramientas de investigación basadas en datos para identificar posibles oportunidades y evaluar su viabilidad. Esta ventaja tecnológica proporcionó a Sarah información valiosa, lo que le permitió tomar decisiones de inversión informadas.

10.9 Superando Desafíos y Manteniendo la Motivación

A lo largo de su trayecto, Sarah se encontró con desafíos y contratiempos. Sin embargo, se mantuvo resiliente y enfocada en su objetivo. Mantuvo una mentalidad positiva, buscando inspiración en las historias de éxito de inversores y emprendedores reconocidos. Sarah siempre se recordaba a sí misma su propósito y el potencial de cambiar su vida que la esperaba al final del camino.

10.10 Celebrando Hitos y Éxitos

Sarah reconoció la importancia de celebrar hitos y éxitos en el camino. A medida que lograba hitos significativos y obtenía rendimientos rentables, se tomaba el tiempo para reconocer y recompensarse a sí misma. Celebrar estos éxitos le brindaba la motivación y el entusiasmo para seguir persiguiendo su ambicioso objetivo.

10.11 La Importancia del Aprendizaje Continuo y la Adaptación

Sarah comprendió que el éxito en el mundo de la inversión requiere aprendizaje continuo y adaptación. Se mantuvo comprometida en expandir sus conocimientos a través de libros, seminarios y estableciendo contactos con profesionales del sector. Manteniéndose actualizada sobre las tendencias del mercado y las estrategias de inversión en evolución, Sarah se posicionó para aprovechar nuevas oportunidades y ajustar su enfoque en consecuencia.

10.12 Escalando: Replicando el Éxito para Futuros Proyectos

Una vez que Sarah logró su objetivo de convertir $100 en $1,000,000, reconoció el potencial de crecimiento y éxito continuo. Armada con una valiosa experiencia, replicó sus estrategias exitosas en futuros proyectos. Sarah se embarcó en nuevas inversiones, construyendo sobre sus logros anteriores y fijando su mirada en hitos financieros aún más grandes.

Conclusión:

El notable viaje de Sarah, de $100 a $1,000,000 en un año, sirve como un ejemplo inspirador de lo que se puede lograr con determinación, planificación estratégica, gestión de riesgos, diversificación, aprendizaje continuo y adaptabilidad. Siguiendo sus pasos y aplicando los principios discutidos en este capítulo, los lectores pueden emprender sus propios viajes transformadores hacia el éxito financiero. Recuerden que es la combinación de una mentalidad visionaria, ejecución meticulosa y motivación inquebrantable lo que puede convertir metas imposibles en realidades extraordinarias.

Al emprender su propio camino de inversión, permitan que el ejemplo de Sarah les inspire a desarrollar su plan estratégico con claridad, determinación y una mentalidad visionaria. Recuerden investigar diligentemente, buscar la diversificación y mantenerse adaptables. Con un plan bien elaborado y un compromiso inquebrantable, ustedes también pueden aprovechar las oportunidades emergentes del mercado y lograr un crecimiento financiero notable.

www.ingramcontent.com/pod-product-compliance
Lightning Source LLC
Chambersburg PA
CBHW031428210526
45464CB00005B/2107